夢をかなえる読書術

伊藤真

サンマーク出版

はじめに

汚したぶんだけ、本は自分のものになる

本を汚せば汚しただけ、夢をかなえることができる。
——私は身をもって、こう感じています。

私は「伊藤塾」という、司法試験や公務員試験などの国家試験を目指す人向けの受験指導校を主宰しています。設立して今年で二二年になります。最近では、国政選挙における「一人一票実現訴訟」や「安保法制違憲訴訟」に原告団の代理人弁護士として参加したりしています。

そんな毎日の中で、勉強や仕事において、たくさんの本を読まざるをえません。

最高にわかりやすい授業を行うためには、法律そのものはもちろん、世の中にある教科書や参考書、あらゆる論文を熟読し、さらに自分なりのポイントをつかみ、それを伝えることができなくてはなりません。

法律は、数年に一度、改正されていきますが、当然、そのたびに改正された法律を読み込むことになります。裁判が行われ、新しい判例が出れば、学説を読み比べます。最新の雑誌や新聞もチェックします。

司法試験を目指して勉強をしていた学生時代には、一日一〇時間以上、教科書や参考書を必死になって読み続けました。

とにかく、読んで、読んで、圧倒的に読みまくる。ただたんに目を通すのでなく、ポイントをつかみ、授業や論文などで「使える」ように読む。

そんなことを、これまでずっとやってきました。

私にとって、本とは「考えるための素材」です。本によって、自分の考えを深めたり、意見を確立させたりします。なりたい自分を見つけたり、将来の夢を深化させたりすることができます。

「素材」ですから、それはそのままでは材料なので、「使う」ことをしなければ意味がありません。だから、塾生たちには、「本をどんどん汚しなさい」と指導しています。

テキストがきれいなままの人が、司法試験に合格できるでしょうか。

勉強すればするほど、自然とテキストは手あかで汚れ、赤線が書き込まれ、マーカーが引かれ、使い込まれたものになるでしょう。テキスト以外の本でも、著者と対話し、メモや意見を書き込んだり、考えたりしてこそ、自分の思いも確立していきます。

そうしてこそ、本は自分のものになります。本は、汚せば汚したぶんだけ、自分のものになっていくのです。

合格する人の共通点は「よく本を読んでいること」

毎年、多くの合格者が伊藤塾から巣立っていくのですが、**合格者に共通しているのは、「よく本を読んでいる」ことです。**

これは考えてみれば当然のことで、私の関わっている法曹界では、読み書きの能力が問われます。日常的にも本をたくさん読んでいて、活字に慣れている人のほうが合格しやすいのは当り前です。

新しく入塾する塾生たちに、「本を読みなさい。本が苦手なら、週刊誌でもブログでもいいので、とにかく文字に慣れなさい」と口を酸っぱくしてアドバイスしているのもこのためです。

活字に慣れることは、法曹界のみならず、すべての人にとってじつはとても大切です。だから、大人になり社会人になってからも、読書は欠かせません。

弁護士をしていたとき、事件をひとつ扱うと、それこそ「ロッカーの棚一列分」の量の書類を読むのは当り前のことでした。何しろ供述書などの証拠資料や参考文献などが山のようにあります。

比較的単純な事件でもそれくらいの量なので、これが少し複雑な事件になると、ロッカーがいくつも必要でした。裁判は人の人生がかかる大事なものですから、あらゆる資料を真剣に読みます。大量の文書を読み、書くのが仕事の基本だったのです。

そもそも仕事とは多くの文字を読み、書くことで成り立っています。メールや報告書、資料など、膨大な活字の情報から何を得て、それをもとにどう判断して対処するのか、読み取る力が仕事の成果を左右するといっても言い過ぎではないでしょう。

もっといえば**あらゆる勉強の基本は、読書といってもいいと思います。**読むことをおろそかにしては、勉強も仕事も進みません。

生きる力を鍛える一番の素材が、読書なのです。

この世に「おもしろくない本」は存在しない

基本的に読書は、「個人的な営み」です。

どんなに難しい本を読んでいようと、娯楽的な本を読んでいようと、どちらが偉いとかすごいとかいうことはありません。

元来私は、「おもしろくない本」というのはこの世に存在しないと思っています。おもしろくないというのは、「そのときの自分」にとってそう感じただけであって、その後、成長した自分になれば、変わっていくからです。

「くだらない本」などありませんし、「文字が多い本を読んだほうがいい」ということもありません。

私にとっては、たった一行でも、一フレーズでも自分の心に響くものがあれば、**読む前よりも自分を「成長」させてくれたということで、「良書」に**

あたります。

私にとっての読書とは「考えるための素材」を得るためのものですが、そういう読み方のときもあれば、本の世界にとことん身をゆだねて、純粋に楽しむこともあります。どちらもワクワクする読書です。

人が何のために生きているのかというと、幸せになるためだと私は思っています。どんなことも基本的には自分がワクワクするために、自分が幸せになるためにやる。そうすれば、世の中に「幸せの総量」が増えていく。

だからこそ、まず自分がワクワクする本を、胸を張って読んでほしいと思います。

本の読み方・感じ方は、いつでも誰にとっても自由です。そして、どんなときでも必ず何かを感じさせてくれるものが、本です。本の何かが自分の琴線に触れて、その世界に興味をもったり、問題意識を抱いたり、自分の行動を変化させます。

自分を進化させ、夢の実現を後押しし、幸せになるための読書術とはどんなものか。

どんな本を積極的に選び、使い、学ぶのか。本をどのように汚し、自分のものにしているのかを、これから本書でお伝えしていきます。

この本が、少しでもお役に立てばとてもうれしく思います。

著者

夢をかなえる読書術

目次

はじめに

第一章 夢をかなえる本の「選び方」

第二章　夢をかなえる本の「使い方」

第三章

夢をかなえる本の「学び方」

第四章

本をもっと楽しむために

第五章 読書で夢をかなえる

装丁・本文デザイン　轡田昭彦＋坪井朋子
カバー写真　©Jens Mortensen/gallery stock/amanaimages
構成　辻由美子
校閲　鷗来堂
編集　桑島暁子（サンマーク出版）

第一章

夢をかなえる本の「選び方」

限られた人生の中で、どんな本を読むべきか

本には、はかりしれないほどの「叡智《えいち》」が詰まっています。

人生という限られた時間の中で、「本」の力を最大限に活用してほしい。

あなたの夢をかなえるために、あなたが幸せになるために、「本」というものを、もっともっと使い尽くしてほしい。私は常々そう思っています。

では、どんな本を読むべきか。本章ではまず、本の基本的な「選び方」についてお伝えしていきます。

基本的に私は、「自分の好きな本を読むべき」と思っています。自分が「ピンと来た」とか、琴線に触れたということは、何よりも大事なことだからです。

こんな経験はないでしょうか。読書感想文の課題図書として与えられた本

が、読み切れなかった。読まなければならない資料が、遅々として全然読み進められなかった。なんとなく気が乗らずに「積《つ》ん読《どく》」になっている本がたくさんある。

それは、あなたが悪いのではなく、その本との「相性」です。気が乗らないときは、読まなくてもいいのです。私自身、そんな経験はしょっちゅうでした。

「はじめに」でも触れましたが、**そもそも私は、「おもしろくない本」とか「役に立たない本」というものは、この世に存在しないと思っています。なぜなら、「いまの自分」にとって、そう感じるだけだからです。**

さらには、その本が「おもしろくない」ということを気づかせてくれた、それ自体も学びです。

さらに言うと、本というものは、最後まですべて読み切れなくてもいいのです。

いろいろな本を手にして、ピンと来たものを読み進めればいい。いま読めなくても、いつか読めばいい。世の中には、さまざまな意見が存在していると知るだけでもいい。そういうとらえ方でかまわないのです。

そうやって本を見ていくうちに、「読みたい」という気持ちが湧き上ってきたなら、そのときが「読みどき」です。本の可能性は、どんなときでも、すべての人に開かれています。

自分と「反対の考えの人の本」を意識して選ぶ

本は、「考える素材」そのもの。私にとって「本」とは、自分の考えを補強したり、新しい視点を描いたり、「自分はこう思う」という考えを深めるための素材です。

本を読みながら、「この人の言っている通りだ」とか「でもここはこういうふうにも考えられるだろう」とか「この人のこの考えは自分とは違う。なぜこういうふうに思考したんだろう」など、いろいろ考えていく。そして、自分の考えに「肉付け」していくのです。

その意味でいうと、**「自分と違う考えを持つ人の本」は、異なる視点で物事を考えたり、自分の考えの弱点を埋めたりする上で、ひじょうに役に立ちます。**

自分が凝り固まらないようにするためにも、自分の考えを補強するためにも、異なる意見の人の本を積極的に手に取るようにしています。

たとえば、私の身近なところでいえば、やや専門的になりますが、「憲法9条」の議論について考えるとします。

ある先生は、「憲法9条は削除しろ」という強硬な考え方をお持ちです。国民が本気で平和を考えるためには、あえて9条をなくしてしまうのが一番だという意見。私とは正反対の考えですが、そういう方の本こそ、積極的に読むようにしています。

また一方で、元は護憲派ながら、いまは現実に合わせて憲法を改正すべきだと主張している先生の本も読みます。

すると、**私はあたかも自分が著者の方たちとシンポジウムで討論している**

ような錯覚におちいってしまいます。「それ、ちょっと違いますよ」「なるほど、そういう見方もあるんですね」などと、本につっこみを入れながら、著者と真剣勝負で対話をしているのです。

日本を代表する評論家、小林秀雄は『読書について』（中央公論新社）という本で、「読書も亦《また》実人生の経験と同じく真実な経験である」と書いています。まさにその通りで、著者に真剣勝負を挑んで読む本は、まるで真剣な討論をしているような手応えを感じます。

自分と反対の考えを持つ人の本だからこそ、自分に新たな気づきや発見を与えてくれたり、自分の弱さを教えてくれたりするものなのです。

「同じ意見の人の本」はこうして読む

このように、自分と「反対の意見」を持つ人の本は、物事を多面的に考えたり、新しい視点を得たり、反論を考えて自分の考えを補強するのに役立ちます。その一方で、自分と「同じ考え」の人の本も、やはり必要です。**自分と同意見の人の本でも、専門家だったり、権威がある人だったり、立場が違うときには、自分の考えの根拠がより明確になります。**「専門家もこう言っているから、やっぱりこれでよい」と自信になるわけです。

自分とほぼ同じ考えの人たちの本を読みながら、「ここは役に立ちそうだ」とか「ここは使えそうだ」というところをメモしたり、印をつけたりして、自分の考えの参考にできます。

先日、私は脳科学者の茂木健一郎さんが書いた『感動する脳』（ＰＨＰ文庫）という本を読みました。新幹線に乗るとき、品川駅のキオスクで偶然見つけ、「感動」という言葉にひかれて衝動買いしてしまったのです。

新幹線の中で一気に読んだのですが、この本でおもしろかったのは「理解すること」についてです。他人を理解するためには、自分の頭の中にあるものと照らし合わせるという作業を脳が行わなければならない、と茂木さんは書いています。ということは、照らし合わせる材料が自分の中にたくさんあったほうが、理解しやすいわけです。

「よく、多くの経験を積んだ人ほど他人の気持ちが分かると言われます。これは脳科学から見ても正しいのではないでしょうか。自分が悲しい思いを経験したからこそ、相手の悲しみが分かる。自分が苦労したからこそ相手の苦しみも理解できる。そういうことが科学的にも証明されたわけです」

たくさんの本を読んだり、いろいろなことを経験したり、人と話したりして、考える材料をたくさん持っている人のほうが、より正確に物事が理解できる。これはかねがね私が思っていることと一致します。

茂木さんも奇しくも私と同じ考えだとわかったときは、うれしくなりました。これから自分がこういう発言をするときは、「脳科学者の茂木さんもそう言っているよ」と胸を張って言えそうです。

ですから、本を読んでいて、自分と同じ考えを見つけたとき、「なんだ、こんなの知ってるよ」と読み飛ばすのではなく、それぞれの専門家が書いたものは得るものがあると謙虚に受け取ったほうがいいと思います。「専門家もこう言っている」と例に出せば、相手にとっては新しい発見になりますし、自分も自信を持って発言できます。

自分と「違うジャンルの人の本」も積極的に読む

さらには、同じ考えの人であれ、違う意見の人であれ、「自分の専門以外の人の本」というものも積極的に読むようにしています。

前述したように、私は先日、自分の専門とはまったく異なる脳科学者の茂木さんの本を読むことで、いろいろな発見がありました。

たとえば、この本で茂木さんは、感動する脳を育てるためには心に「空白部分」をつくるといい、と書いています。ノーベル賞を受賞したような人たちは、みなすごい量の研究を重ねていますが、自分の研究だけで心をいっぱいにしないで、「空き間《すきま》」をつくっているのだそうです。

この本を読んだ夜、私は夜中の二時か三時くらいに、ふと空に月が浮かんでいるのに気がつきました。満月に少し足りないくらいの月が、本当にまぶしいくらいの明るさで東京の夜空にぽっかり浮かんでいたのです。

「東京でもこんなきれいな月が見られるんだ」と私は感動してしまいました。時間にしてほんの一分か二分にもならない時間でしたが、仕事のことも何もかも忘れて月を眺めていたあの心の「空き間」時間は、私にとってなかなか感動的なひとときでした。

茂木さんの本を読まなければ、こんな瞬間もなかったわけで、たまには自分が関係する世界とまったく違うジャンルの本を読むのも、本の選び方としてはありだと痛感しました。

それはまさしく、心の余白のようで、そこに思ってもみなかった驚きや発見、感動が飛び込んでくるのです。

そして今回、衝動買いした茂木さんの本を読んだことで私が得たのは、人間の本質はジャンルを超えて同じところに行き着くということでした。茂木さんは脳科学の立場から人間の本質は多様性であると語っています。私も憲法から入って、多様性を尊重する大切さに気がつきました。

アプローチはいろいろでも、たどり着く「本質」は同じだとわかったことは大きな収穫でした。これはジャンルが違う人の本を読んだからこそ、わかったことです。

新幹線に乗る前に、キオスクで衝動買いした本からでさえ、こんなにも学べることがあるのです。やはり読書は人を成長させ、真理に導くと確信できたことは、私の大きな自信になりました。

ゴールから発想するのに「合格体験記」が役立つ

夢をかなえるために大切なこと。それは「ゴールからの発想」です。

ゴールが明確になっていなければ、どこに向かって走ればいいのかわかりません。やみくもに走り出して、途中で疲労困憊《こんぱい》してあきらめてしまったり、いつまでたってもゴールにたどりつけなかったりします。

伊藤塾では入塾者に、先輩たちの「合格体験記」を読むことをすすめています。それは、ゴールを明確にするためです。

いつ、何を、どんなふうに勉強したのか。ゴールからさかのぼって、合格者のノウハウを知るのは、まさに「ゴールからの発想」といえるでしょう。合格を目指し勉強している人にとってはひじょうに実践的で効果があります。

ただし、「合格体験記」を読むときに絶対忘れてはいけない注意点があります。それは「合格体験記」は、自分とは違う人の体験だということです。

それを書いた人と自分とは、いろいろな違いがあります。いままでどういう生き方をしてきたのか、学生時代は何をやってきたのか。それこそ「スポーツばかりやってきました」という人と本をたくさん読んできた人では背景が違います。

また、その人の置かれた環境も違います。勉強時間がどれくらいとれるかも違うし、司法試験にかける思いや動機も異なります。夢をかなえようとする意志の強さも違うでしょう。

当然、記憶力や理解力など能力も違います。ただし、ここで強調しておきますが、能力に関しては、あまり気にする必要はありません。

一般には、「能力の違いが合否に一番大きな影響を与える」と思ってしまいがちです。しかし、何万人という受験生を見てきた私の経験から言うと、夢をかなえるという点では、能力の差はあまり関係ありません。断言します。**それ以上に、過去の経験や生き方、環境の違いや思いの強さのほうが大きく影響します。**

「合格体験記」はそうした違いを意識しながら読まなくてはいけません。あくまで自分と違う人の体験談なのですから、そこを充分理解して、まねできるところはまねする。まねできないところは無理をしない。そして能力差は関係ないので意識しない。

合格者と自分を比較して、「こんなすごいことはできないよ」とかえって落ち込むこともあるので、自分にできることだけまねするという割り切りが、「ゴールからの発想」には必要です。

「なりたい職業に就いている人の本」の選び方

「ゴールからの発想」と同じくらい大切なのは、じつは「ゴールに到達したあと」のことです。

夢は、夢がかなった瞬間に終わってしまうものではありません。夢をかなえたそのあと、自分はどうなりたいのかが大事です。そうでなければ、司法試験に合格した瞬間に、あるいはＴＯＥＩＣで満点を取った時点で、夢は終わってしまいます。

ドラマや映画なら、夢がかなった瞬間、ハッピーエンドで都合よく終わってしまいますが、人生は夢がかなったあともずっと続いていくのです。夢がかなったあと、あなたはどうやって生きるのでしょうか。

夢をかなえる本というと、かなえるまでのノウハウで終わってしまうものがほとんどです。しかし、問題はそのあとです。夢がかなった「その先」を意識したものも、ぜひ一緒に読んでおいたほうがいいでしょう。

「ゴールに到達したあと」を意識するために、夢をかなえたあとのイメージがわかる本がおすすめです。「自分はこういう人間になりたい」とか「こんな生き方がしたい」など、実現したい夢をかなえた人が、どんな生き方をしているのかを教えてくれるものを読むのがいいと思います。

まずは「自分がなりたい職業に就いていて、活躍している人の本」を読んでみてください。たとえば法曹界を目指すなら、弁護士や裁判官、検察官が書いた本を読むと、ひとつのロールモデルが見つけられます。

本のジャンルはノンフィクションでも評論でもいいのですが、小説などのフィクションでもかまわないと思います。実際、弁護士が書いた推理小説や法廷小説もけっこうあります。そうしたものを読んで、「弁護士ってこんなにおもしろい仕事なんだ」「裁判はこんなふうに行われるんだ」とイメージをつかんでもいいでしょう。

私がまだ三〇代の頃、アメリカ人の弁護士であり、作家でもあるジョン・

グリシャムが書いた法廷小説を読み、当時ものすごくワクワクしたのを覚えています。アメリカのトップクラスの法律事務所にいながら正義を実現する若手弁護士たちの実態や、悪を暴いていく過程がスリリングに描かれていて、ひじょうにおもしろい小説でした。

こんなふうになりたい職業が描かれた本を読んで、イメージをふくらませるのは、夢に対する熱量を上げる意味で大変役立ちます。

さらに業界、業種を超えて、夢を実現した人間がどんな生き方をしているのか、世の中で成功し、人々から尊敬されている生き方をしている人の本を読むといいと思います。なりたい職業に就いている人だけでなく、もっと普遍的にすばらしい活躍をしている人の「生き方」を学ぶのです。いわば、「夢のそのあとの物語を知る」といってもいいでしょう。

本を読む順番としてはこうです。

最初に、なりたい職業に就いている人の本を読んで「こんな仕事に就きたい」というイメージをふくらませます。

そのあと、そうなるためにどうしたらいいのか、「合格体験記」を読んで、実際のノウハウを学びます。いわゆるノウハウ本です。

　さらに、合格したあと自分はどうありたいのか、あるいは努力の過程を通じてどんな人間になっていくのか、もう少し抽象的な「生き方」の本を読んでみてください。つまり、夢をかなえた自分は何をしたいのか、その「成長した自分の姿が想像できるような本」です。

　世の中には、利他的な活動や社会貢献を通して、徳を積んだ人がたくさんいます。そういう人たちの理念やスピリットが学べる本を読み、夢を実現した人がどうあるべきか、自分の内側をどう磨いていけばいいのか、ゆっくりと考えていければいいのではないでしょうか。

その世界でトップの「超一流」の人の本を読む

　自分の内面を磨くには、「超一流の人が書いた本」を読むのがおすすめです。その世界でトップといわれるような人や、歴史に残る人、古典なども「超一流」の中に入るでしょう。

超一流といわれる人が書いたものは、さすがと思わせられるところが多々ありますし、勉強になるところがたくさんあります。

たとえば、『巨大な夢をかなえる方法』（文藝春秋）には、アマゾンを創業したジェフ・ベゾスやグーグル創業者のラリー・ペイジ、アリババグループ創業者のジャック・マーなど、そうそうたる人たちの卒業式スピーチがおさめられています。

私は「夢をかなえる」というタイトルにひかれてこの本を買ったのですが、さすがに「超一流」といわれる人たちは言うことが違う、と感嘆の連続です。卒業式でこんなスピーチが聞けるアメリカの大学生がうらやましいと思ったくらいです。

卒業式のスピーチというと、アップルを創業したスティーブ・ジョブズがスタンフォード大学で行った「Stay Hungry, Stay Foolish」（ハングリーであれ、愚か者であれ）が有名です。『巨大な夢をかなえる方法』には、これに負けず劣らず、すばらしい名スピーチがたくさん紹介されています。

　たとえばアリババグループを創業したジャック・マーは若い頃、三度大学受験に失敗して運転手になるという、苦い人生を送っています。彼が香港科技大学で行ったスピーチにはこんな言葉があります。

「今日はつらい。明日はもっとつらい。でも明後日には、素晴らしい一日が待っている」

　まさに人生の挫折を味わいながらも、決して夢をあきらめなかった人の渾《こん》身《しん》のひと言ではありませんか。

　また、ヤフー!を創業したジェリー・ヤンは、ハワイ大学ヒロ校の卒業式でこんなふうに述べています。

「自分の枠から出てください。世界に飛び出してください。見知った土地ではなく、未踏の地に足跡を残してください」

　シングルマザーに育てられたヤンは、英語がまったく話せないまま一〇歳のときアメリカに渡ります。大変な苦労の末、ヤフー!を創業した彼は、「狭い世界に閉じこもるのではなく、自分の周りに広がる世界を知ろう」と力強く語っています。

元杉並区立和田中学校校長の藤原和博さんは、『本を読む人だけが手にするもの』（日本実業出版社）の中で、「読書は、著者の脳のかけらをつなぐ行為だ」と書いていますが、まさにその通りです。

「超一流」の人の本を読むのがなぜいいのかというと、著者の脳と自分の脳がつながるからです。超一流の人が経験したり、学んだりしたことを「体系的にまとめたもの」がその人の著書だとすると、私たちはその資源を、本を通して共有することになります。

私たちは本を読むことで、著者の考えを自分の考えとつなげて、世界を広げることができるのです。

いますぐ役に立つ本は、すぐに役に立たなくなる本

私にとって「ハズレがない本」というのは、古典です。

長い年月の洗礼を受けてもなお残ってきたものは、時代や民族、性別を超えて本質的なものを内包しています。

ショウペンハウエルも『読書について』（岩波文庫）で「精神のための清涼剤としては、ギリシア、ローマの古典の読書にまさるものはない。（略）わずか半時間でもそれを手にすれば、（略）心は洗い清められて、高揚する。旅人が冷たい岩清水で元気を回復するようなものである」と書いています。

「旅人が冷たい岩清水で元気を回復するようなもの」とまで言われれば、古典を読まないわけにはいかないではありませんか。もっともショウペンハウエルは原語のラテン語で読め、と言っているので、私にはそれはとても無理ですが。

いずれにしても、それくらい「古典」の力はすごいものです。これを知らずに生きているのはあまりにもったいないと思うので、私は「古典」といわれるものはできる限りすべてチェックしようと思うのですが、いまだ及びません。

もしかしたら、「そんな古い時代の本を読んでも、現代には何の役にも立たないのでは？」と思う人もいるかもしれません。「古典は読みにくい、難しい」と感じる人もいると思います。たしかに「古典」を読んでも、いますぐには役に立たないかもしれません。

でも、私はこう思うのです。**いますぐ役に立つ本は、すぐに役に立たなくなってしまう本です。**

いまの時代だけしか通用しない本でも、それはそれで学ぶことがたくさんあります。ですが、そういう本をせっせと読んでも、時間がたてば意味がなくなってしまうのなら、同じ時間を使って、もっと役に立つ本を読むほうがいいのではないでしょうか。

これは、ほかのことでも同じことがいえます。たとえば学問。最近文部科学省は、文系学部は必要ない、もっと理系に重点を置くべきだ、と言っています。これは「すぐに役立つ人間を送り出してほしい」という産業界からの要請に応えたものでしょう。

ふり返れば明治時代にも、政府が富国強兵を掲げ、同じようなことを大学に要請したことがありました。これに対して毅然と反発したのが、福沢諭吉らです。慶応義塾大学の当時の学部長、工学博士の谷村豊太郎は「すぐ役に立つ人間はすぐ役に立たなくなる人間だ」と応酬したそうです（小泉信三著『読書論』岩波新書）。

実際考えてみれば、本当に役立つのは、「一見役に立たない」と思われている哲学や歴史、文学などベースとなる「教養」をしっかり学んだ人間ではないでしょうか。

私たちはつい目先のものに目を奪われてしまいがちですが、そういうものは環境や社会体制が変われば、すぐにひっくり返ってしまいます。そんなものにふり回されるのではなく、もっと本質的なもの、長い年月、世界中の人々によって語り継がれ、守られてきた普遍的なものに注目すべきです。

新しい本は、まだ時の洗礼を受けていません。時を経て、人々の厳しい目や市場で選別され、それでも残ったものを読むと、結局は間違いないと思います。

ひとつのテーマで「二〇〜三〇冊」まとめて買う

ひとつのテーマで何かを学ぶときは、「関連する本を二〇〜三〇冊まとめて買う」ようにしています。そのテーマに対して「賛成する人」「反対の人」「中立の考えの人」を取りまぜると、どうしてもそれくらいの量になってしまうからです。

それだけ買うと失敗もあって、読んでみたら、たった一行しか役に立たなかった、ということもあります。とくにインターネット書店で買うと、中身のチェックができないので、思っていたのと全然違う本が届くこともしょっちゅうです。

それでも、どこか一行が役に立ち、「この一行を見つけたから、一冊読んでよかった」と思えるのなら、その本は自分に必要なものだったと思うよう

にしています。

どんな本でも、得るところは必ずあります。「失敗したな」と思っても、それも「勉強」ですから、そこはお金のむだづかいとは思わず、躊躇《ちゅうちょ》せずに本を買ったほうがいいでしょう。だいたい「二〇〜三〇冊」読んでおけば、そのテーマに関してひと通りは語れるようになります。

また自分がまったく知らない分野について学ぶときは、「二〇〜三〇冊」の中に、必ず「薄い入門書」と、この分野ではこれが定番だといわれている正攻法の「本道の本」を何冊か入れるようにしています。

入門書を買うのは、テーマに関する専門用語や概念を知って、入り口でつまずかないようにするためです。

たとえば理系の難しい知識が前提条件だったりすると、書いてある言葉自体がよくわかりません。一般の方が法律の本を読むときも、最初は専門用語でとまどわれるのではないでしょうか。

たとえば、「集団的自衛権」と「集団安全保障」の区別がわからない人や憲法と法律の違いを意識したことがない人などが「憲法改正の是非」を論じる法律の本を読んでも、言葉自体が何をあらわしているのかわからないので、論点の違いも正しく理解できないでしょう。

ですから最初に言葉でつまずかないように、私は自分がまったく知らない分野なら、まずやさしくかみくだいて書いてある「薄い入門書」を買ってきます。

それ一冊だけで完璧な入門書となるものは少ないので、「薄い入門書」を二、三冊用意したほうがいいでしょう。

読者のみなさんが入門書を選ぶときは、実際に書店に行って、中身をパラパラ見て、「イラストや図がわかりやすいな」とか「字が大きくて見やすいな」というように、「自分とフィットするか」を基準にセレクトしてもいいでしょう。

あるいは「初心者が読むにはどんな本がいいですか」と詳しい人に聞いてもいいと思います。書店には本に詳しい店員さんもいますし、インターネットで質問してみるのも手です。そうやって人にヒントをもらうのもいいでしょう。

そして「薄い入門書」を二、三冊手に入れたら、ざっと目を通して全体像をつかんでおきます。そうすれば、「本道の本」に進んだときに、一ページ目からいちおう中身がわかります。

最初から「何が書いてあるのか全然わからないよ」という状態にはならないので、正攻法の専門書でも安心して読み進めます。

分厚い本で「負荷」を高めることが大切

このように私は、新しいテーマについて学ぶとき、最初に「薄い入門書」から読むタイプです。でも私とまったく正反対に、いきなり「分厚い本」から読む人もいます。

ライフネット生命を創業した出口治明さんが書かれた『本の「使い方」』（角川新書）によると、出口さんは必ず分厚い本から読んで、最後に薄い本を読むそうです。

この分厚い本を一冊読み終えたら、いくらかはわかるようになっている、と信じて、ひたすら読み込んでいく。「すると、4～5冊を読み終える頃には、その分野の輪郭がつかめるようになります」と出口さんは書いています。

そのあと「薄い入門書」を読むと、「目の前の霧がさーっと晴れて、『ああ、わかった。あの本に書いてあったのは、こういうことだったんだ』という感覚を味わうことができ」るのだそうです。

たしかにその通りで、司法試験を目指す苦学生の中には、独学で四苦八苦しながら分厚い法律の専門書を勉強してきた人がけっこういます。そういう方が、伊藤塾で私の講義を聞いたり、簡潔にまとめられたテキストに出会うと、まさに霧が晴れるように、「これはそういうことだったんだ！」とよくわかると、感動してくれます。

彼らは、分厚い本で鍛えられているので、薄い入門書がおもしろいように理解できるのです。本来なら、こういう読み方が正しいのかもしれません。

ただ、最初に分厚い本を読む苦行のような時間はなかなか大変です。その負荷に耐えられる人と耐えられない人がいるでしょう。私などはとても耐えられないので、分厚い本に挑戦しても最初の二、三ページで挫折してしまうと思います。

本を読むのが苦手な人は、最初は「薄い入門書」から読んだほうが、玉砕しないので安全です。

「薄い入門書」のあとにチャレンジするべき本

ただし、いつまでも「薄い入門書」ばかりではいけません。ある程度、概要がつかめたら、本道の本や分厚い本、一流作品に果敢にチャレンジしていく必要があります。中身が難解であっても、めげずに読みこなさなければいけません。

小林秀雄は、一流作品は例外なく難解だと語っています。なぜなら、一流作品といわれるものは、一流の頭脳を持つ天才が到達した一流の境地を描いたものなので、凡人がすぐに理解できるものではないからです。

難解なのは当然なのだから、何回でもわかるまで読め、と小林秀雄は書いています。

そして、「著者の全集」を読むようにもすすめています。全集を通して、一流の著者が言いたかったことがわかるというのです。ものすごくたくさんの本を読破してきた、小林秀雄ならではの見方です。

さらには、読者にグサリとくるようなことも言っています。助言を聞いても、「聞くだけ読むだけ」で実行しないのなら、意味はない、というのです。耳が痛い話です。読書術や勉強法の本ばかり読んで、実際に読書も勉強もしていない人が周りにいませんか。いまこの本を読んでいるあなたは読書をしていますか。

いくら助言を読んでも、実践しなければ意味がありません。

あなたもこの本を読んだら、今日からすぐに行動してみましょう。ピンと来た入門書を読んでみましょう。そしてある程度読めたら、分厚い本にめげずに挑戦してみてください。

なお、分厚い本を読むときの注意点を、ひとつあげておきます。「その本が誰に向けて書かれた本なのか」に注意してほしいのです。

たとえば法律の本だと、同業の法律学研究者に向けて自分の研究成果を発表するために書いた「体系書」という種類の本があります。そういう本は、研究者向けの本ですから、初心者が読もうとすると大変な負荷がかかります。負荷がすべて読み手にかかってしまうのです。

「本道の本」の中にも、初心者に向けて書かれたものもあります。ですから、誰に向けて、どういう目的で書かれた本なのかを、読む前にぜひ意識して選ぶようにしてください。自分の目的に合った本をちゃんと選ぶことが大切です。ぜひ今日からすぐに、行動してみてください。

第二章

夢をかなえる本の「使い方」

自分の血肉にするために、徹底的に書き込もう

本書の「はじめに」でも触れましたが、本は、私にとって「考えるための素材」です。ですから、**徹底的に汚し、使い倒します。どれだけ汚れているかが、その本を自分のものにできたかの目安といってもいいでしょう。**

たとえて言えば、食べ物と同じです。食べ物は、生《なま》のじゃがいものまま、豚の生肉のままでは、体の栄養になりません。切り刻み、火を通し、歯でよく噛んで、原形をとどめないまでくずして、ようやく栄養として消化され、自分の血や肉になるのです。

私が本を読むときは、「重要なところに線を引く」「キーワードを塗りつぶす」「○をつける」「?マークを書く」などしています。さらには、思いついたことはその場でそのページに、自分の意見や疑問点、まとめなどを書き込

んでしまいます。

線もきれいに引くのではなく、ガーッと引いたり、二重丸でぐるぐる囲ったり、強く何重にも引いたり、**できるだけそのときの思いや感情のたかぶりを残すようにしています。そのほうがあとから見返すとき、どこで自分の心が引っかかったのか、よくわかるからです。**

メモを書くときも、見てくれよくきれいに書くことはしません。あくまでも「素材」なのですから、「汚してなんぼ」という割り切った考えでいます。

私の多くの本は、ほかの人から見たら読めないくらい、ぼろぼろになっています。

本好きな人の中には、本に直接書き込むことに抵抗感があったり、あとで古本屋に売るためにきれいにしておこうと思ったりする人もいるでしょう。

でも、本がきれいなままだと、いつまでたっても本は「お客さん」のままで、自分の「身内」にはならない気がします。

目で文字を拾って読むだけでなく、手を使って○で囲ったり、印をつけたり、書き込むことで、より記憶に定着しやすくなります。またそうやって印をつけておくと、あとでアクセスしやすくなります。

私にとって、本に引かれた線や○やメモの数々は、「本との対話」のあとです。

人と会話をしているときでも、「ふんふん」「なるほどねえ」「それはちょっと違うんじゃない」など反応するものです。反応が多ければ多いほど、たくさん対話したことになります。

同じように本も、線を引いたり、メモを書き込んだり、リアクションしながら読んでいく。どんどん本と対話していく。そうすることで、本の中身を主体的に自分に取り入れ、夢をかなえるための「栄養」にしていくことができるのです。

「教科書」をとことん使い倒すときに注意すること

「本の汚れ具合」と「理解度」が比例するのは、塾生の教科書を見ているとよくわかります。教科書がまっさらできれいなままの人が、よく勉強しているとは思えません。勉強すればするほど、自然と教科書は手あかで汚れ、使い込まれたものになります。

ただし、これはあくまでも教科書の場合です。

「教科書」と「一般の本」では読む目的が違います。「教科書」は、書かれてある内容をそっくり理解しなければなりません。つまり、著者の頭をそのまま自分の頭に移植してこなければならない。ですから線を引いたり、○をつけたりするのも、みな理解し、正確に記憶をするという目的のために行っています。

一方、「一般の本」の場合は、書いてある内容すべてを覚える必要はありません。自分にとって意味があるところだけをいくつかピックアップして、自分のものにできればいいだけです。

当然線を引いたり、マーキングしたりするのも、「記憶するため」のものではなく、「自分が考えるきっかけ」になったところを選んでいくので、教科書とは印をつける場所がまったく違ってきます。

読む目的が違うと、線を引く部分や引き方も違ってくる。つまり汚す部分も、汚し方も違うのです。

ちなみに、私は塾生たちに、「教科書は、最低五回は読め」と言っています。

それくらい頻繁に読むことを前提にしているので、逆に言うと、最初から教科書にがんがん線を引いたり、汚くしたりしすぎると、あとで見るのがいやになってしまいます。

私も司法試験の勉強をしていたとき、教科書にラインマーカーで線を引いていたら、教科書全部がまっ赤っ赤になってしまって、どこが重要なのかわからなくなったことがありました。

それに懲りて、翌年はラインマーカーを「色鉛筆」に換えて、何種類かの塗り分けをするようになりました。教科書は、何度も何度も見返すものですから、書き込みをするにしても、あとで見るのがいやにならないような工夫は必要です。

「本をコピーして持ち歩く」方法をすすめる理由

本の使い方でおすすめなのは、「コピーして持ち歩く」方法です。

伊藤塾では、テキストはその日の授業に使う分だけコピーして、それを教室に持って行き、コピーは思い切り「汚す」よう指導しています。そして家に帰ってから、書き込みやアンダーラインがたくさん引かれたそのコピーを見ながら、テキストに整理をして、重要箇所をマーキングしていくのです。

そうすることで授業の復習になりますし、テキストが自分なりに整理されて、サブノートのようになっていきます。

テキストや参考書を読むとき以外でも、私は、本を本格的に読み込みたいときは、重要な箇所をコピーして持ち歩いています。コピーなら、心置きなく印をつけたり、書き込みをしたりして、汚せるからです。

本体が分厚いハードカバーの本だと、ページが開けにくいうえ、重量もありますが、コピーなら、書類の間にさっと挟《はさ》めて、持ち歩くのに便利です。荷物が重くなるときは、その日、読む分だけをコピーして持ち歩いています。図書館では本を借りずに、必要な部分だけをコピーすることもあります。

さらには、必要なところを大量に、数十ページくらいコピーすることもあります。それだけ大量にコピーしても、読んでみたら、ほとんど新しい発見がないこともあります。そんなとき、本は捨てられませんが、コピーなら捨ててしまえるので、その点でも楽です。

また、本とはちょっと違いますが、長めのブログやインターネット上で読みたい文章があるときは、すべてを何十ページもまとめてプリントアウトして、それを持ち歩いたり、そこに書き込んだりします。いろいろなブログをテーマごとにまとめて持ち歩き、読み比べることもあります。

こうすることで、どんどん汚すことができ、その部分は自分のものになっていきます。

テーマごとに、本をコピーして、保管する

ひとつのことを学ぶときは、何冊も並行して本を読みます。先に書いたように、私は二〇〜三〇冊、一気に買います。

そうして読み比べ、読み深めていくわけですが、そのときにも本をコピーします。

テーマ別に、必要なところだけコピーしておけば、机の上に何枚でもずらりと並べて、読み比べられます。本の大事な部分を可視化し、「全体像」を把握することができるのです。

いらない部分は捨てることもありますが、ほとんどのコピーは何か所か、自分にとって必要なところが出てくるので、捨てることはあまりありません。

コピーがどんどんたまってきますから、コピーした資料はクリアファイルに

入れて、テーマごとに分けたボックスの中に保存しています。いわゆる縦置きの書類入れ、ファイルボックスです。

「頻繁に使うもの」は、ボックスの中でも取り出しやすい前のほうに入れ、万が一のとき確認するために使う「資料程度のもの」は、奥のほうに置いておきます。

こうしておけば、そのテーマのボックスを見ればいいので、原本の本をそのつど開いて該当箇所を探す手間が省けます。ちょっとした調べ物のときは、このコピーの資料を見るだけで十分用が足ります。

さらには、コピーに番号をふり、どのボックスに何のコピーが保管されているのか、資料の一覧表として整理しています。

こうすれば、わざわざ本棚を探して、本のページをめくらなくても、必要な箇所がコピーで一発でわかります。

「ボールペン・メモ帳・付箋」をいつも持ち歩く

私が本を読むときに使うのは、「ボールペン」「メモ帳」「付箋《ふせん》」の三つです。

この三つは、いつも必ず持ち歩いています。出張に行ったときでも、ホテルのベッドサイドにこれらの用具一式を置いてから寝るようにしています。**私にとって読書とは、「読むこと」と「マーキングすること」がセットです。**本を読みながら、気になったところはどんどん線を引き、付箋を貼り、メモを書きます。

読むときに、とくに大事にしているのが「疑問点」です。

疑問が浮かんだときは、必ず本に書き込みます。「これはどういう意味だろう？」と疑問に思うと、あとで著者を調べたり、関連する情報を集めたりして、世界がどんどん広がっていくからです。場合によってはその部分をコピーして、あとでチェックすることもあります。

とにかくいつでも、どこでも、本を読んで気になったところや、ここは重要だなと思うところは、忘れないうちにその場で線を引いたり、付箋を貼ったり、メモ書きを残すのが習慣になっています。そうしないと、あとでマーキングしようとか、読み直そうと思っても、忘れてしまいます。

大切なのは、「読んだその場で、まだ記憶が鮮明なうちに印をつけること」。そのために寝るときでさえ、肌身離さず筆記具や付箋は持っているというわけです。

ちなみに「筆記具」についてですが、私はいま流行りの「消せるボールペン」は使っていません。一時期、使っていたこともありますが、あまり消す必要がないことに気づいたのです。

たとえ間違ったことをメモしたり、重要箇所を勘違いしてアンダーラインを引いたりしたとしても、それは「そのときの自分の考え」だったわけです。その痕跡を残しておきたいのです。

「消せるボールペン」は持ちませんが、「普通のボールペン」は必ず持ち歩いています。

私がボールペンにこだわるのは、司法試験の答案がペン書きに限られているからです。司法試験では、答案があとで改竄《かいざん》されないために、シャープペンシルや鉛筆の使用は禁止されています。

本番の試験のとき、ボールペンですら答案を書くためには、ふだんからペン書きに慣れておかなければいけません。伊藤塾では「本番ではボールペンを使ってどんどん書いていかないといけないのだから、腕の筋肉を鍛えておくように」ということまで教えています。

そんなくせが抜けないので、筆記具といえば、いまだにボールペンが私の必需品となっています。

ボールペンとラインマーカーのマーキングの仕方

具体的に、どのように本を使っているか、私の方法を紹介します。

本にマーキングするときは、「これはどこかで使える」とか「自分の意見と同じだ」と思うところ、要するに**肯定して受け入れられるところには「○」をつけます。**

「ここは自分の意見と違うな」とか「ここは矛盾しているぞ」「これは一方的な価値観に基づいている」などと、**否定的に思うところには「×」をつけます。**

さらに、「**とくにいい」と思うところは「◎」をつけています。**

線を引くのに使うのは、手持ちの「ボールペン」もしくは「ラインマーカー」です。

ラインマーカーはいわゆる蛍光ペンで、線を引くだけでなく、重要なところを塗りつぶせるので、二種類の使い方ができて便利です。

たとえば、最初に「黄色のラインマーカー」で線を引いて、二度目に読んだときに重要だと思うと、黄色の上にさらに「ピンクのラインマーカー」で○をつけます。黄色は一回目、ピンクは二回目。こうしてマーカーで色分けしておくと、自分の中でメリハリをつけられるので、どこが重要で、何を得たのかが、ひと目でわかります。

また、きちんと内容を理解して読まなければならない本のときも、ラインマーカーをよく使います。ボールペンより目立ち、いろいろな使い方ができるからです。ただ、外出先で読んだり、書き込みをしなければならないときは、ボールペンを使っています。

場合によっては、最初に「赤いボールペン」で線を引いて、二度目にそこを読んだときに、「黄色のラインマーカー」で塗りつぶすこともあります。**筆記具を換えたり、色分けしたりすると、より記憶に残りやすいというメリットがあるからです。**

あとで思いだすときに「あのページの左上の、赤い線で囲んで、黄色く塗りつぶしたところにあれが書いてあったな」など、すぐにビジュアルな記憶が呼び出せます。

色とりどりのページは、自分の健闘のあとであり、思考の結果です。

「音読」と「セルフレクチャー」で記憶を定着させる

このように、線を引いたり、書き込みしたりしながら本を読むと、内容が記憶に強く定着しやすいと思います。

先日、樺沢紫苑さんという精神科医が書いた『読んだら忘れない読書術』（サンマーク出版）という本を読んでいたら、やはりこの方もアンダーラインを引いたり、メモを書いたりしながら本を読むことを推奨されていました。

本を読みながら、マーカーで線を引いたり、メモを書いたりするのは、脳の複数の領域を使うことになるので、記憶に残りやすいのだそうです。

さらにこの方は「音読」もすすめていて、音読しながら線を引いて本を読めば、脳科学の見地から見ても、脳がより活性化されて忘れにくいのだそうです。

まさしくこれは、私が司法試験の勉強のとき、実践していた方法ではありませんか。私は、自分で自分に教科書の内容を「セルフレクチャー」する音読の勉強法を行っていたのです。

読んで、書いて、その内容を話して、自分の声を聞く。脳のさまざまな分野を刺激し、駆使するのですから、まさに記憶に残る勉強法であり、読書術だったわけで、自分でも知らずに脳科学の方法論を駆使していたわけです。

塾生にもすすめていた方法ですが、これが脳科学的にも裏付けられたわけですから、「やっぱりこれでよかったんだ」と自信になりました。

また、明治大学の齋藤孝先生も『声に出して読みたい日本語』（草思社）というベストセラーで、「音読」をすすめています。本を音読するだけでも、脳が刺激されて、頭がよくなるそうです。江戸時代に子どもたちが論語を素読させられていたのも、音読を通して頭の訓練をしていたということです。「ここは絶対記憶したい」「とてもいい内容だから体にしみこませたい」という箇所があるときは、マーキングや書き込みをするのはもちろんですが、何度も音読したり、自分にセルフレクチャーしたりすると、さらに効果が期待できるでしょう。

ページの「上折り」と「下折り」を使い分ける

マーキングするだけでなく、本のページの端を折ることもあります。いわゆるドッグイヤーです。

ページの端を折るときは、「上折り」と「下折り」を使い分けています。あとで使えそうなフレーズがあるページを折るのですが、**「ここは肯定的に使えるな」と思うフレーズがあるところは「上折り」、ページの上端を折**

ります。逆に、「ここはおかしい」と否定的に思ったフレーズがあるところは「下折り」、ページの下端を折っています。

つい先日読んだ、経済評論家で経済学者の植草一秀先生の『日本経済復活の条件』（ビジネス社）という本があります。植草先生も自分と同じ意見を述べられていたので、「そうだ、そうだ。その通りだ」と思ったものですから、大きく「上折り」してあります。

こうやって折っておくと、「あのフレーズはどこにあったかな」と探すときに、すぐ見つかってとても便利です。

ただし、たくさん「上折り」「下折り」があるからといって、必ずしもその本がよかったわけではありません。

本を評価するために折っているのではなく、たまたま「この情報が役に立つ」というだけのことです。ですから、たった一か所しか折っていなくても、ものすごく大きな発見があれば、自分にとってすごくいい本だったといえることもあるのです。

「キーワード」を四角で囲んで目立たせる

本には、その本特有の「キーワード」があります。私は「これがキーワードだな」と思える単語やフレーズは、必ず「四角で囲む」ようにしています。

少し専門的になりますが、たとえば、憲法学者で東京大学名誉教授の樋口陽一先生がお書きになった『「憲法改正」の真実』（集英社新書）の中に、「知る義務」という言葉が出てきます。「知る権利」という言葉は一般によく使われますが、「知る義務」はあまり聞いたことがありません。

なんだろうと思って読み進んでいくと、主権者たる国民には、公共の社会を維持、運営していくために、必要なことを「知る義務」がある、と書いてあります。つまり「知らない」ではすまされない、ということを樋口先生はおっしゃっているのです。

自分にとって初めて聞いたフレーズで、「なるほど、『知る義務』は大切だな」と思ったので、このフレーズを四角で囲んであります。

このように、**キーワードを四角で囲んで目立たせておくと、本の趣旨がよく理解できます。**

キーワードは本を読んでいると、何度も出てくるので、見つけるのはそれほど難しくありません。あるいは、ふつうとはちょっと違う言葉の使い方をしている単語があれば、それがキーワードであることがあります。

読んでいて、「あれっ？」と違和感を持ったり、引っかかりを感じたりする単語やフレーズはキーワードかもしれません。よく注意しながら読んでみて、気になる言葉があったら、四角で囲んでチェックしておくといいでしょう。

「使い道」を意識しながら、パソコンでまとめる

こうして線を引いたり、マーカーで塗りつぶしたり、キーワードを四角で囲んだりするとき、**私がつねに意識しているのは、「この情報をどこで使うか」ということです。**

「ここの部分は講演で使えるぞ」とか「ここはあの意見に対する反論になるな」とか「ここはあとでちゃんとふり返ろう」など、どこでどう使うのかを意識してマーキングしています。要するに、「ゴール」や「アウトプット」を意識しているのです。

ただ漫然と読んだだけでは、何となく読み終わってしまって、頭にしっかり残りません。でも、「これに使おう」と目的を持って読むと、キーワードやフレーズがきちんと浮き上がってくるのです。

「ここは使える」とか「忘れたくない」と思うところは、パソコンに打ち込むこともあります。キーワードやキーフレーズ、ときにはまとまった量の文章をパソコンに打ち込みます。**あとで出典がわかるように「書名」と「著名」、メモした「日付」を記し、「自分のメモ」として使うのです。**

ここまでやれば、本の内容は、かなりしっかりと頭の中にインプットされます。

そして、打ち込んだ文章のあとに、「これはこの通り」「まさにそうだ」などと肯定するコメントを書き込むこともあれば、「これはおかしいのではないか」と疑問を書いて、そのあと自分の意見や見解をつけ加えることもあります。

コメントを書いていくうちに、止まらなくなって、気がつくと、かなりの量の文章をパソコンに打ち込んでいることもあります。そういうメモや文章は、あとで考えを深めたり、原稿を書いたりするときに、とても役立ちます。

たんに「おもしろかった」とか「感動した」というような読書感想文だけでなく、自分の意見を書くことで、目的に合った内容がしっかり蓄積されていきます。

つねに、「どこかで使う」というアウトプットを意識してマーキングすると、本の内容がより自分のものとして落としこまれていくのです。

机の上に本をできるだけたくさん広げて、考えを深める

テレビやインターネット、SNS、新聞など情報を得る手段はたくさんあります。しかし私にとって一番重要なのは、本から得る情報です。なぜなら、文字で書かれた本の情報は「ずっと取っておける」からです。

基本的に私は、本は捨てません。

テレビやインターネットの情報は、瞬時に消えてしまうものです。もちろんこれらの情報も録画やプリントアウトをすれば取っておけないわけではありませんが、限度があります。

新聞の情報も取っておけるので、現状を知るのには重宝しています。しかし、時間軸を長くとって、体系的にまとめられている本は、深く考えるという意味で、新聞にないメリットがあります。

たとえば本は目次を見たり、ぱらぱらめくってみたりすることで、全体像が見渡せます。また前に戻ったり、先を読んだり、行き来しながら、確認ができます。

ものによっては時間をあけて読み直すことで、新しい気づきや発見があって、そこから自分の考えを深めることもできます。

さらに何冊も机の上に並べて比べられるのも、本の大きなメリットです。私の場合は仕事で本を使うことが多いので、**机の上にいくつも本を並べて、必要なページをあけ、あちこち参照しながら仕事を進めています。**

パソコンでも四画面くらい同時に開いて見比べることができますが、モニターの大きさ以上には広げられません。その点、本だと机の上いっぱい、場合によっては床の上まで使って、いくらでも広げられるので、いろいろ参照しながら考えを進めるのに大変便利です。

自分の机は狭くてものがごちゃごちゃしているため、夜中に大きな丸テーブルに本を広げて仕事をします。テーマごとに本の山をつくったり、参考資料を並べたりして、快適に仕事ができます。

じっくり時間をかけて、考えを深めたいときには、本を何冊も並べて参照します。

なお、参考になる本はできるだけたくさんあったほうが、より考えが多面的になると思います。だから私は、どんな本でも捨てないのです。たった一行でも必要な情報が書かれていれば、それは大切な本です。

こうなると、私の手元には本がたまる一方です。調べもののときは最低二〇～三〇冊は買いますし、それ以外にも、献本していただくこともあります。仕事場のあちこちに本箱を追加していったのですが、ついにはおさまりきらなくなり、とうとう会社の一部屋を書庫にしてしまいました。

これは万人におすすめできる方法ではありませんが、本は捨てずに手元に置き、何冊も一度に広げて仕事をするのが、私のスタイルです。

世界一伸びるストレッチ

中野ジェームズ修一　著

箱根駅伝を２連覇した青学大陸上部のフィジカルトレーナーによる新ストレッチ大全！
体の硬い人も肩・腰・ひざが痛む人も疲れにくい「快適」な体は取り戻せる。

定価＝本体 1300 円＋税
978-4-7631-3522-3

コーヒーが冷めないうちに

川口俊和 著

「お願いします、あの日に戻らせてください……」
過去に戻れる喫茶店を訪れた４人の女性たちが紡ぐ、家族と、愛と、後悔の物語。
30万部突破のベストセラー！

定価＝本体 1300 円＋税
978-4-7631-3507-0

血流がすべて解決する

堀江昭佳 著

出雲大社の表参道で 90 年続く漢方薬局の予約のとれない薬剤師が教える、血流を改善して病気を遠ざける画期的な健康法！

定価＝本体 1300 円＋税
978-4-7631-3536-0

いずれの書籍も電子版は以

サンマークブックス（iPhone アプリ）、楽天 <kobo>、Kindle、Kinoppy、iB

本を「主体的」に読むために意識すること

私が本にマーキングやページ折りするのは、「主体的に本を読む」ためです。本は、ただ「受け身で読む」のではなく、「自分に引き寄せながら読む」ほうが、自分のものとして蓄積できるので、より夢の実現に役立ちます。

書いてある内容をたんに情報や知識として受け止めるだけでなく、一度自分の頭というフィルターを通して、考えたり、想像したり、自分の意思に反映させたりするのです。

それがきっかけで具体的な行動まで起こせれば、人生における読書の意味が際立ってきます。たとえそこまでできなくても、本に書いてあることを自分自身に引きつけて、落としこむだけでも、読んだ内容の蓄積が違ってきます。

といっても、「自分の頭で考えて読め」といきなり言われても、どうしたらいいのかわからないかもしれません。

だからまずは、自分の感想や思いを、本や紙に書き出してみる、ということから始めたらいいでしょう。

再三述べてきたように、自分のコメントを書き込んだり、肯定できるところ、反対のところに○や×をつけたり、重要だと思うところはマーキングする。あるいはちょっとつっこみを入れてみる、というのもよいでしょう。たんに「受け身」で受け止める読み方から、そうやって自分なりにリアクションしていくことが、「主体的」な読み方に移行するプロセスになります。

そして、さらに読んだ内容を自分の生活に引き寄せながら、自分で実行してみることで、より主体的な読み方ができます。

たとえば拙著『記憶する技術』（サンマーク出版）では、寝る前の五分を利用して記憶する、という方法が書かれています。ただ読んだだけなら、「ああ、そうなんだ。そういうやり方もあるんだ」で終わってしまいます。でも、「寝る前の五分なんかにできっこないよ」というつっこみを入れるだけでなく、実際、自分でやってみるわけです。

すると「やっぱりできなかった」と納得するのでもいいし、「これを続ければ覚えられるかも。二、三日やってみようか」でもかまいません。

そういうやりとりと行動が自分の中でできたら、本を通して何か主体的に学べることがあったわけです。

もちろん行動まで移せなくても、つっこみを入れて考えるだけでもかまいません。本はぼんやり読んでいただけでは、通りすぎていく目の前の景色と同じです。「見た」「読んだ」だけで終わってしまいます。

どうやって、夢をかなえる糧として自分の中に残していくのか。そのためには、本の中の「何に」注目して、「どう」見ていくのか、自分の頭で考えて、主体的に取り入れていくことが大切なのです。

第三章

夢をかなえる本の「学び方」

「読むのに時間がかかる本」に挑戦する

私はふだん、司法試験や各種試験の合格を目指し、真剣に勉強している人たちと接しています。その中で、「勉強が苦手だ」と言う人に共通するのは、「本をあまり読まない」ことです。

塾生を見ていると、「本を読んでこなかった人」は、読むことに慣れるまでに時間がかかります。同じ教科書で勉強するにしても、内容を読み取り、さらに理解する力を養うまでには、少し時間がかかるのです。

だから、「本を読む力」をつけるには、とにかくまずは、なるべくたくさん本を読むことです。

それも、**三〇分や一時間で読めてしまうような軽い本ばかりではなく、読むのに時間がかかる本のほうがよいでしょう。**そのほうが、「頭の訓練」になるからです。何日かかかる、あるいは何日かにわけて読まなくてはいけないものが、おすすめです。

最近人気の手軽な本や新書などは、たとえ丁寧に読んでも、新幹線での移動中に読み切ってしまえるような簡単なものが多くなっています。それらは、情報を得る分にはとても便利ですが、ある程度、頭を鍛えて、考える訓練をするのには向いていません。

高校生のとき、新渡戸稲造の『武士道』（ＰＨＰ文庫）を初めて手にしました。

当時の私にとっては難解でしたが、何度もチャレンジするうちに、この本にのめり込み、打ちのめされていきました。絶対に刀を抜かない武士の高貴さを通して、武士道の究極は平和であることを教えてもらった気がします。若いときに感じたあの強いインパクトは、その後も私の心に残っています。

本から何かを得ようと思ったら、ときには「負荷」をかける経験も必要なのです。

背伸びした本が、きっと自分を成長させてくれる

本を何日かにわけて読むメリットは、昨日読んだところを思い出しながら、今日読んだところに「つなげていく」ところにあります。

つまり、「昨日読んだところはどんな内容だっただろう」と思い出したり、それを自分の中で要約したりする訓練ができるからです。

前回読んだときから時間があくことによって、再度読み始めるときはその世界に入るために、いったん途切れた部分をつなげる作業に頭を使わなければなりません。それが、頭を鍛えるのです。

頭は少し負荷をかけると、どんどん機能が向上していきます。長い小説や難解で重たい小説は、恰好《かっこう》の訓練になるでしょう。古典といわれる本には、分厚くて、読むのに時間がかかるものが多いのですが、苦労して一冊読み通

せば、必ず何かを得られているはずです。

ちょうど筋トレと同じです。読書でも一二〇%ぐらいの負荷をかけると、ぐっと読解力が伸びることがあります。

これは、本が苦手な人だけでなく、読書好きの人もぜひやってもらいたいと思います。一時間、二時間集中して読んでも「あれ、二〇ページしか進んでないよ」というような負荷がかかる本に挑戦してみるのです。**背伸びした本が、自分を成長させてくれるでしょう。**

読書好きで知られるライフネット生命創業者の出口治明さんは、分厚い本にはそれほど不出来な本はない、と書いています。

読むのに時間がかかる本を苦労して読むと、読み終わったあと、自分の中できっと何かが変わっています。それを信じて、「自分に負荷をかける本」に挑戦してみてください。

「速く」読めることは、大きな武器になる

「どのように本を読むといいでしょうか」と、本の読み方について塾生に聞かれることがあります。そんなとき、私が必ずアドバイスしているのは、次の三つです。

①「スピード感」を持って読む。

②「要するに」を考えながら読む。

③次は何を言うのか「推理」しながら読む。

この三つを意識して本を読んでいくと、少々活字が苦手な人でも、読解力が格段に身につきます。実際、三つのアドバイスを忠実に実行して、司法試験に合格した塾生もたくさんいます。この三つについて説明しましょう。

まず、「スピード感」を持って読む、についてです。

速く読めば読むほど、物理的にたくさんの本が読めるメリットがあります。本の量だけ、知識の蓄積が増えるからです。それに、速く読むことで負荷がかかるので、頭のトレーニングにもなります。時間を決めて、できるだけ速く読む練習をしてみてください。

さらに言えば、スピード感を持って読むことは、仕事や実生活でも役立ちます。仕事や実生活では、大なり小なり、なにかを読むという作業が欠かせないからです。

もしあなたが、法律の実務につくとします。そうすると、速く大量に資料を読み込まなければならない場面に数多く遭遇します。速く読めなければ、実務家として苦労することになるのです。頭がよいとか、クリエイティブな発想をするよりも、前提として速く読まなければ仕事にならないのです。

たとえば、世間に注目される裁判の判決が出るとします。実務家は判決の内容を即座に理解して、裁判所の前で待ち受ける支援者やマスコミの方々に「勝訴」「不当判決」などのたれ幕を掲げなければなりません。さらに、判決が出た三〇分後くらいには記者会見して、判決のポイントを解説し、コメントをすることもあります。

最高裁の判決ともなると、判決文も長いものになります。それを三〇分程度で読みこなして、「ここはいままでの判決になかった法律解釈だ」とか「ここが今回新しい根拠として示されている」など、重要箇所を絞り込んでいかなければなりません。

間違った解説でもしたら大変ですから、ものすごく集中して、高速で判決文を読んでいくわけです。その間の緊張感たるや、並たいていのものではありません。

もちろんみなさんが全員、法律の実務家になるわけではありませんが、どんな仕事、どんな立場においても、速く読めることは武器になります。

「要するに」を考え、「推理」しながら読む

次に、「要するに」を考えながら読む、ということについて考えてみます。

本の内容がなかなかつかめない人は、「要するに」を考えながら読むのが、要点をつかむ一番のコツです。段落ごと、パラグラフごとに、「要するに、この著者は何を言いたかったのか」を考えながら読んでいくのです。

そうすれば、たとえ分厚くて難解な本でも、順を追ってきちんと読みこなせます。

この読み方は習慣化すると、活字を読むのが大変ラクになります。

ふだんから新聞でも週刊誌でも、ちょっとしたコラムでも、「要するに、この人は何を言いたいんだろう」「結局、このレストランが美味しいと言いたかったんだな」「ここはおすすめではないと言いたかったんだな」と、「要するに」をおさえながら読み進んでいくのです。

「要するに」はつまり結論ですから、読み方としてはつねに結論を探しながら読むことになります。このやり方で読み進んでいけば、最後になって「結局、この本は何が言いたかったんだろう」という結論が、必ずおさえられるようになります。

本は「考える素材」であり、自分の考えを深めるために読むと書きましたが、著者が言いたいことをきちんとおさえられてこそ、「それは違う」「ここはこうではないか」と自分なりの考えを深めることができます。

「要するに」を意識して、確実に内容をつかみながら読み進めるのは、正攻法の読書のしかただといえます。

そして、「要するに」を考えつつ読めるようになったら、次に心がけてもらいたいのは「推理」しながら読むことです。伊藤塾では、「次は何が書かれているのか、推理しながら読む」ことを奨励しています。

教科書や試験問題だけでなく、新聞の社説や小説でも、タイトルを見て、「この人はどういう結論に持っていきたいのか」を推理しながら読んでいくのです。

そして、自分の推理推論と実際とが全然違っていたりする、そのギャップを楽しみましょうとアドバイスしています。

他人は、自分の予測通りには動きません。「自分はこうだと思っていたけれど、人はこんなふうに思うんだ」など、人と自分の違いを理解できるきっかけにもなります。

手元の材料から未来を推論したり、相手の思いを予測したりする訓練をしておくと、法律の勉強にはもちろん、一般の仕事や実生活でも役立つはずです。「こんな投書が来たのは、おそらくこういうニーズが隠れているからだろう」とか、「このメールの真意はこうだろう」など、相手の立場に立って考えることもできるでしょう。

このように「要するに」を考え、「推理」しながら本を読んでいくと、勉強や仕事に役立つのはもちろん、本を読むこと自体がとても楽しくなっていきます。

「かたまり読み」で全体像をざっくりつかむ

私は仕事上、何冊もの本を、短時間でいっぺんに読まなければならないことがあります。

「明日、こういうテーマで取材を受けます。関連図書を用意しましたので、明日までに目を通しておいてください」などとスタッフから言われると、一瞬あわててしまいます。仕事の合間や移動のすき間時間を使って、猛スピードで「まとめ読み」をしなければなりません。

そんなとき、短時間で、速く、確実に内容を理解する方法として、私の場合、三～五行くらいをまとめ読みするやり方をよく実践しています。文章をかたまりで意識する感じです。

もちろん、自分がまったく前提知識を持たない新しい分野の本だと、最初は一行一行丁寧に見ていかなければ認識できないと思うので、あくまである程度知識があったり、理解していたりするフィールドのものに限ります。

たとえば法律の本なら、私にとっては慣れている分野なので、まず二ページ開いて見開きをななめにざっと見ていきます。引っかかる言葉やキーワードがなければ次のページに飛ばしてしまいますが、「あれっ」と引っかかったり、「ここは重要そうだ」と思ったりすると、その周辺を三～五行ずつま

郵便はがき

料金受取人払郵便

新宿北局承認

7544

差出有効期間
平成30年10月
31日まで
切手を貼らずに
お出しください。

169-8790

154

東京都新宿区
高田馬場2-16-11
高田馬場216ビル5F

サンマーク出版愛読者係行

ご住所	〒 都道府県	
フリガナ		☎
お名前		(　　　)
電子メールアドレス		

ご記入されたご住所、お名前、メールアドレスなどは企画の参考、企画用アンケートの依頼、および商品情報の案内の目的にのみ使用するもので、他の目的では使用いたしません。
尚、下記をご希望の方には無料で郵送いたしますので、□欄に✓印を記入し投函して下さい。
□サンマーク出版発行図書目録

1 お買い求めいただいた本の名。

2 本書をお読みになった感想。

3 お買い求めになった書店名。

市・区・郡　　　　町・村　　　　書店

4 本書をお買い求めになった動機は?

・書店で見て　　・人にすすめられて
・新聞広告を見て(朝日・読売・毎日・日経・その他＝　　　)
・雑誌広告を見て(掲載誌＝　　　)
・その他(　　　)

ご購読ありがとうございます。今後の出版物の参考とさせていただきますので、上記のアンケートにお答えください。**抽選で毎月10名の方に図書カード(1000円分)をお送りします。** なお、ご記入いただいた個人情報以外のデータは編集資料の他、広告に使用させていただく場合がございます。

5 下記、ご記入お願いします。

ご職業	1 会社員(業種　　)	2 自営業(業種　　)
	3 公務員(職種　　)	4 学生(中・高・高専・大・専門・院)
	5 主婦	6 その他(　　)

性別	男・女	年齢	歳

とめて読んでいくわけです。

一行一行丁寧に読んでいくと時間がかかって、内容も忘れてしまいます。思い切って、三〜五行をかたまりで読み進んでいくと、読み終わったとき何となくですが、概要がつかめています。「読む」というより「見る」といったほうが、イメージが近いかもしれません。

私たちも、ものを見るときに、「細部を見る」場合と、「全体をざっくりととらえる」場合があります。読書にも、この「ざっくり見る」を応用するのです。最初は違和感があるかもしれませんが、慣れてくると、三〜五行のかたまりで内容がちゃんとつかめるようになるから不思議です。

この「かたまり読み」を実行していくと、ものにもよりますが、一冊の本をだいたい三〇分くらいで読めてしまいます。仕事が終わってから読み始めたとして、だいたい三〜四時間あれば、五、六冊は読めてしまうでしょう。

忙しくて本を読んでいる時間がとれないという人は、この「かたまり読み」をぜひ実行してみてください。速く読めて、意外に内容も頭に入っていることに驚くと思います。

接続詞の「しかし」に注目して読む

短時間でスピード感を持って読まなければならない場合、改行が多い本なら、上半分だけ見て、接続詞の「しかし」に注目しながら読み進むこともあります。**「しかし」の後ろには、大事な文章が続くことが多いからです。**

接続詞とは、文章と文章をつないでいて、両者の関係をあらわすものです。「だから」「そこで」「すると」などの〝順接の接続詞〟は、前の文の原因や理由を受けて、結果を述べています。「雨が降った。だから、傘を持っていった」というような例です。

一方、「でも」「しかし」「ところが」など〝逆接の接続詞〟は、前の文と逆の結論を述べています。「雨が降った。しかし、傘を持っていかなかった」という例です。このように、接続詞を見るだけで、続く文章にどんなことが述べられるのか、おおよそ推測がつきます。

とくに私が注目するのは「しかし」です。

なぜなら、**「しかし」のあとには、たいてい「著者の主張」がくることが多いからです。**とくに、改行されて、その文頭に「しかし」がくるときは、大事なことを述べている場合が多いので、ぜひ注目してみてください。

明治大学の齋藤孝先生が書いた『読書力』（岩波新書）という本を例にとると、改行されて「しかし」で始まる文章は、一冊の本の中で数か所しかありません。その「しかし」のところを拾っていくと、この著者の問題意識がよくわかります。

たとえばこの本で齋藤先生は、若い人に本を読ませたいというのも教育欲だと述べていて、「しかし、欲だけむき出しにしても、相手が言うことを聞いてくれるとは限らない」と書いています。現代の社会は自己形成の問題に向き合わなくなったが、「しかし、自己形成の問題は、避けて通ることはできない問題だ」とも述べています。読書を通して成長を促したいという著者の問題意識が、この一文でわかります。

ですから、視線としては、ページの上半分を眺めながら、「しかし」がくるところにちょっと着目して読むのがコツです。

最近の本は新書やソフトカバーの本でも改行が多いものが増えています。スピード感を持ってパラパラと本を見るときは、どちらかというと「ページの上のほう」や「改行の頭の接続詞」に注目しながら読んでいくといいでしょう。

読書スピードの速い遅いは人それぞれでいいと思いますが、速く読みたいときもあると思います。そのときに、先に述べた「かたまり読み」や、この「しかし」に注目して読むやり方は、スピーディに量をこなす読書法に適しています。

本は、はじめから順に読まなくていい

最近の本は「目次」がとても具体的になっているので、目次を見ると、ほとんど中身がわかる場合があります。私は本を読むときは、最初に目次にざっと目を通すことにしています。

たとえば目次に「いま、自衛隊に入れば得をする」というようなフレーズがあれば、「この人はそういう立場の人なのだ」とすぐわかります。

そしてずらりと並んだ目次にひと通り目を通して、この本はどんなことが書かれているのかだいたいのイメージをつかんだあと、次に見るのは「あとがき」です。

もちろん本によるのですが、「はじめに」には問題提起や、これからこの本を読ませるための導入が多いように思います。「あとがき」のほうが、著者が言いたいことや結論や主張が書かれていることが多いように感じます。

とにかく**目次を見て、本全体をイメージし、「あとがき」で結論や主張をおおざっぱにつかんだあと、次に見るのは「著者の略歴」です。**「こういうことを言う人って、どんな人なんだろう」と著者の人となりを見るわけです。

そしておもしろそうだったら、そこであらためて最初に戻って「はじめに」を読んで、本文を読み始めるという順番になります。

整理するところです。まず「目次」を見る。次に「あとがき」を読んで、「著者略歴」を見る。そしておもしろそうだったら「はじめに」を読んでから、本文に入る。この順番です。

なお、**本文を読むとき、私は「章の最初」と「章の最後」の文章にも注目しています。**とくに「章の最後」のほうには、まとめに近い内容が書いてあることが多いので、わりと丹念に見て、肝心な部分を見落とさないよう注意しています。

「小見出し」を拾い読みして、「引っかかり」を見つける

本文の間には、ところどころ「小見出し」が入っています。この小見出しは、本文の中身を要約しているので、けっこう重宝しています。小見出しだ

け読めば、「そうか、ここにはそういうことが書いてあるのだな」とわかるのです。

たとえば、『経済的徴兵制』（集英社新書）という本を読んだとき、「アメリカの徴兵制」という小見出しがあれば、アメリカの徴兵制度について書かれているのだとすぐわかります。「経済危機に救われた新兵募集」という小見出しを見れば、またそこで推測できます。小見出しを見ただけでも、いろいろなことが推測できるわけです。

しっかり読み込まなければならないときは、本文にもきちんと目を通さなければいけませんが、おおよそ「この本は何が言いたいのか」というのがわかればいいだけなら、小見出しを拾い読みしていくだけでも充分です。

そして**その中でちょっと気になったり、引っかかったりしたところを、少し丁寧に本文を見ていきます。**たとえば「ポン引きまがいの街頭募集」などという小見出しがあると、「あれっ？」と思います。だいたい想像はつきますが、どういうことだろうと、そこは本文を読んでいくのです。

そうやって読んでいけば、三〇分くらいで一冊が読めてしまうでしょう。

私は時間がないときは、この「小見出し拾い読み」で一冊を読み切ります。

ただし、注意点がひとつあります。本によっては「小見出し」と中身が対応していないものがあることです。たんに目を引きつけるためだけに、センセーショナルな小見出しをつけている本もあります。

ですから、どの本も最初に小見出し三つ、四つぶんぐらいの本文を読んでみることがおすすめです。そして「この小見出しのつけ方は、ちゃんと中身を要約してあるな」とわかれば、「小見出し拾い読み」をしても大丈夫です。本によって小見出しのつけ方にルールやくせがあるので、注意してください。

「具体例」と「注釈」をとくにしっかり見る

ざっと本を読むときでも、**必ず注目するのは、「具体例」や「数字」です。**

さらに、「注釈」もできるだけしっかり目を通します。

その人ならではの具体例や数字、具体的な名前や場所というのが、その本のポイントです。線を引いたりメモしたり、パソコンに打ち込んだりします。何より、具体例や数字があると、説得力が増します。

人に説明するときも、具体例や数字を出すと、説得力があるので伝わりやすい。自分で文章を書くときも、つとめて具体例や数字は入れるようにしています。それが根拠になって、結論に説得力が生まれます。

それから、学術的な本に多いのですが、「注」がたくさんある本がありま す。

本における注釈は、一般的なイメージだと、「おまけ」のような感じかもしれません。でも実は「注」のほうが本質的だったり、重要だったりすることが多いのです。「注」を読むことによって、より理解が深まることはとくに専門書においてはよくあります。

「注」は読むのが面倒なので、つい読み飛ばしてしまうかもしれませんが、実は「注」を読むことで、より具体的にイメージが持てたり、理解できることも多々あります。

これは本を書く側になってみると、よくわかります。文章を書くときに、本当はその言葉をもっと深く掘り下げて書きたいのですが、文脈の中でそれをやってしまうと間延びしたり、まどろっこしくなったりしてしまうので、躊躇します。そんなとき「注」を入れて説明することがよくあるのです。

著者がどうしても、その本に入れたかったことが「注」に書かれているということもあるでしょう。そうでなければ、わざわざ欄外や本の終わりに「注」のコーナーをもうけることはありません。なぜそこに「注」を入れたのか、どうしても入れたい思いや事情があったのだと、理解してください。

ですから、読み手も本文と一緒にその「注」も合わせて読んだほうがいいのです。そのほうが著者の思考の過程や流れを丁寧に追っていくことができます。

「注」はけっして付け足しではなく、じつは本質的なことが書かれているのだと認識して、注意して読んでみてください。

「同じ本を何回も読む」と何が起こるのか？

同じ本を二度、三度読め、とすすめているのは、経済学者で教育者でもあった小泉信三です。彼の『読書論』（岩波新書）という本には「難解と平易とを問わず、同じ本を再読三読することである」と書かれています。

その理由は、一回だけでは全体の関係がわからない。二度、三度読むことで初めて著者の思想の全体や個々の章の重要性がわかるから、というのです。

西洋では「くり返しは学問の母」という格言もあります。同じ本を何度も読むことによって、自分の思想や考え方が深まっていくからです。

私も、マーキングをした部分をもう一度見直すことがよくありますが、印をつけたところをただ拾い読みするだけでも、「ああ、そうか。ここはあそことつながるのか」と新たな発見や感動があります。

結局、一回目に読むときは、最初から一直線に読んでいくだけ。次々と新しいことにぶち当たりながら、一方通行でつき進んでいくしかありません。一回読んだだけだと片道切符で目的地に着いただけです。

でも、もう一度最初から読むと、今度は「ここと、後ろに書いてあったあれが関連するな」などと、いま読んでいるところとこれから先の部分とのつながりが見えてきます。

つまり、**前後の関係性や一貫性、全体像、体系がわかってきて、著者の言いたいことがより明確にわかるわけです。**たとえていえば、二回目の旅のほうが目的地に着くまでの周りの風景や様子がわかって、一回目より旅を楽しむことができるのと同じです。

さらに三回目になると、今度は自分の意識や思想に反映させながら、より深く自分の中に取り込んでいけます。

私自身のことをいうと、重要な本は必ず二度、三度と読んでいます。そのたびに新しい発見があり、感動があるからです。本を読んだあとの自分が、まだ読んでいない前の自分と別人になったように感じられれば、それは読書によって自分が高められたからにほかなりません。

たんに知識を頭に入れるだけだったら、一回読めば十分でしょう。でも自分を高めたいなら、重要な本は二度、三度と読むべきです。つい昨日読んだ本でも、もう一度読んでみると、新たな発見があります。優れた著作は、何度読んでも新たな発見があるものです。

そういえば、私の友人に同じ映画を五回見る人がいます。見るたびに、毎回違う発見があるのでおもしろいと言っていました。勉強もそうです。同じテキストを何度もくり返し復習することで、自分の弱いところが補強でき、自信がつきます。新たな発見があって、おもしろさや興味も増してくるでしょう。

重要な本は、何度読んでもそのたびに得るものがあるのです。

「ローギアでじわじわ掘り下げる人」の学び方

活字媒体である本のメリットは、「考える時間が持てる」という点です。

たとえばテレビやラジオの情報は、一瞬で消えてしまいます。その点、本ならずっととっておけるので、文章を眺めながら、あるいはページを前に戻ったり、後ろのほうを見たり、何冊も並べて、じっくり考えることができます。

この「じっくり感」が、考えを深めるのにとても大切です。

本を読んで考えることは、いわばローギアで進む作業そのものです。打てば響くように即答し、くるくる頭を回転させている人が、頭がいい人だと見られがちですが、じっくり、深く、ローギアでじわじわ掘り下げていく人のほうが、より本質的な何かを見つけてくるような気がします。

私が尊敬する弁護士の升永英俊先生も、まさにローギアで考えるタイプです。升永先生は、天才的な頭の回転の速さと記憶力がある方です。ところが先生は、つねづね「僕は一文字一文字きちっと読んでいかないと、頭に入らないんだ」とおっしゃっていて、本当にゆっくり、丁寧に、じっくりと読んでいくのです。

たとえば、記者会見に間に合わせようと私が必死で判決文を読んでいるときも、横で悠然と読んでいます。升永先生にとっては、記者会見の時間が遅れようがどうなろうが関係ない。それで記者がいなくなってしまうのなら、記者の人たちが悪いのであって、大切なのはこの裁判の判決の内容と、それに対するこちらの見解なのだ、という発想です。

記者会見に間に合わせるのが目的の私と、本質は何かを見つめている升永先生とは目的意識やゴールの設定も違うわけです。やはり大物は違うなと思わされます。升永先生を見ていると、いわゆる頭のよしあしや仕事ができるとかできないとかいうことと、文章を読む速さは比例しないとつくづく思います。

ですから、本を読むスピードも、場面場面によって、自分に合わせた読み方ができればいいでしょう。必要に迫られて速く読まなければならないときに、スピード感を持って読めるよう、そのための訓練をしておくとよいでしょう。

そう考えると、知性には二種類あるといえるのかもしれません。要領よくテキパキ物事を処理するための知性と、何かをしぶとくじわじわ考え続けたり、違うものを結びつけたりして新たなものを生み出す知性。この二つです。どちらが優れているということではなく、性質の違いだと思います。本を読むことはローギアで深く掘り下げていく、後者の知性を鍛えることでもあります。本は自分の考えを深めて、人間を掘り下げるのに最適なものです。

優秀な人とは「複合的な視点」を持っている人

私は、「すべての勉強の基本は、本である」と思っています。

そもそも本を読む文化がなかったら、人類はここまで進歩していなかったでしょう。大昔から勉強といえば、本を読むことでした。

さかのぼって見ると、たとえば江戸時代には寺子屋や藩の学校で中国の古典を読む読書が、勉強の中心でした。ヨーロッパの貴族の子どもたちは学校に行かず、家庭教師をつけられて、読書をするのが一般的だったといいます。

人間はみな違うのですから、一人ひとりが必要とするものも違います。自分に必要で、自分が求めているものを、それぞれが教えてもらうのが本当の教育であり学びです。だからこそ、読書が大事なのだと私は声を大にして言いたいのです。

作家の村上春樹さんは本が大好きな子どもだったそうですが、親から「本なんか読まないで試験勉強をしなさい」と言われたことは一度もなかったと、『職業としての小説家』（スイッチ・パブリッシング）に書かれています。

学校で成績をよくすることだけが勉強なのではなく、本を読むという教育もぜひ大切にしてほしいと思います。

私はつねづね、優秀な人とは「複合的な視点」を持っている人だと思って

います。

自分自身の考えを深掘りして、深化させると同時に、複合的な視点に立ってそれを相対化もできる。すなわち「違う考え」「別の視点」があることを知っていて、自分の考えも多くの中のひとつにすぎないのだと客観視できる人が、頭がいいと思うのです。

たんに自分だけで考えを深めていくだけなら、ひとりよがりになっていくおそれもあります。でも本を通して、古今東西、あらゆる時代、あらゆる地域、あらゆる人たちの多様な考え方や生き方にふれていれば、自分を相対化しながら、考えを深化させ、成長させることができるのです。

自分と違う考えの人がいても、その人たちを否定したり、ばかにしたりしない。多様性を持てる人が、優秀な人といえるのではないでしょうか。

読書とは、まさに複合的な視点を持ち、多様性が認められる人間になるためのもっとも有効な手段です。本は「考える素材」そのもの。これほど豊かで、安価で、便利で、多様性に満ちたものはほかにないと、私は思っています。

第四章

本をもっと楽しむために

自分の部屋で「立ち読み」をしてみよう

本に対する苦手意識を取り払い、どんどん本を活用してほしい。もっともっと読書を楽しんでほしい。そのために、私が行っているちょっとした工夫や、塾生たちにアドバイスしていることについて、紹介していきましょう。

まず、「読みたい本がたまってしまう」「忙しくて本を読む暇が取れない」という人にすすめたいのが、「立って読書をすること」です。

私はよく、自分の仕事場で、立って本を読みます。というのも、私の部屋には、買うだけ買っていつか読もうと思っている本がたくさん積みあがっているからです。

昼間はほとんど外出しているので、自分の仕事場に戻る暇がありません。夜になってやっと戻ってきたとき、部屋に入って最初に目に飛び込んでくるのは、積ん読の山。

それが目につくので、つい立ち止まって、パラパラ本をめくって立ち読みを始めてしまいます。自分の机と椅子があるものの、あえて立ったまま読みます。立ち読みのほうが、頭がクリアに働いて、短時間で集中して読める気がするからです。

毎日充分な読書時間が確保できる人はほとんどいないでしょう。どうしても毎日忙しいと、いつも短い時間で本を読まなければなりません。

「あと一〇分で出かけなければならない」というときに、それこそ会社の中を歩きながら、一〇分でバーッと本に目を通すこともあります。電車の待ち時間もむだにしたくないので、駅ナカの書店に飛び込んで、目につく本を買うとそのままホームで読んでいたり、電車の中でつり革につかまりながら、資料になる本を猛スピードで読んでいたりします。時間に限りがあるほうが、集中力も増します。

こうして、けっこう立って読むくせがついているので、自分の部屋の中でもつい立ち読みしてしまうのです。

ふり返ると、司法試験を目指していた当時も、立ったり歩いたりしながら勉強をしていたものです。勉強する時間が充分とれなかったため、道を歩きながら読む「歩き読み」したりしていました。今なら歩きスマホとして注意されてしまいますね。

場所によっては危ないのであまり人にはおすすめできませんが、歩き読みや立ち読みは、集中して読みたいときにおすすめです。

読書が楽しくなる「一人つっこみ」のすすめ

本を読むのが苦手という人は、「読書は難しい」「読書はお勉強」というような先入観があるように思います。でも本を読むことは、映画を見たり、音楽を聞いたりするのと同じ感覚でいいのです。

映画を見て感動したり、音楽を聞いて心がちょっと動かされたりするように、本を読んで心に何かが響けばいい。「すごいな」とか「こわいな」とか「えっ、そんなことがあるの？」とか、何かを感じ取れば、それで充分です。

「成長」とは、昨日の自分より、今日の自分が少しだけ変わったと思えること。昨日より少し優しくなれたり、昨日よりちょっと辛さが理解できたりすれば、それは立派に成長していることになります。

映画や音楽と同様に、気楽に楽しみ、成長できればいい。本を通して頭がよくなったり、勉強ができるようになったりする必要はありません。

ただ、映画や音楽と本が違うとすれば、映画は「映像」、音楽は「音」で心に訴えかけるのに対して、本は「言葉」を使っている点です。

音や映像に浸るように言葉の世界にどっぷりつかれる人はいいのですが、そこまで言葉に浸れないとか、言葉に多少抵抗がある人は、「著者と対話」してみてください。

本を読むのは苦手だけれど、会話ならできます、という人もたくさんいるでしょう。まさにおしゃべりの感覚で、著者と対話すればいいのです。

では、どうすれば著者と対話ができるのでしょうか。

それは、「一人つっこみ」をすることです。

本を読みながら、「これ、本当か?」「そんなことあるわけないじゃん」「自分はそうは思わない」「なぜこの人はこんなことをするんだろう」など、どんどんつっこんでいきます。二章でも「本と対話」すると書きましたが、それと同じです。

「一人つっこみ」をしても、相手(本)から何も返ってこないじゃないか、と思うかもしれませんが、そう決めつけるのは早とちりです。本に対して、こちらがつっこみを入れて、しばらく読み進んでいくと、それに対する答えが書いてあったりします。

いい本は、読者が疑問に思うことに、必ず何らかの形で答えてくれているものです。

もちろん、著者に対して直接、手紙を書いたり、講演会に行って質問したり、というリアルな対話をしてもいいのですが、そこまでやらなくても、「一人つっこみ」で充分対話が楽しめると思います。

それに本の魅力は古今東西、時代も国境も民族も超えて、あらゆる著者と対話ができるところにあります。

たとえば古代ローマ人とリアルに対話をしようと思ったら、タイムマシンが必要ですし、そもそもラテン語で話さなければ通じません。でも本なら、古代ローマ人が書いたものが日本語にちゃんと翻訳されて出版されています。ソクラテスが書いた本を読んで、ソクラテスにつっこみを入れられるなんて、本ならではの醍醐味ではありませんか。

ソクラテスやニーチェやシェークスピアや、世界中の偉人たちに、どんどん「つっこみ」を入れていきましょう。読書が格段に楽しくなります。

玄関に何冊か本を置いておく「習慣」をつくる

外出するときに、携帯電話は忘れないとしても、本を持って出る人は少数派かもしれません。私は本を持ち歩くのが習慣になっているので、外出のときは必ず何かの本を持っていきます。

とくに長時間移動する出張だと、何冊もの本をかばんに入れておかないと落ち着きません。ホームで電車を待ったり、ちょっとだけ移動したりする「すき間時間」でも、必ず本を取り出します。

たとえば、私の通う伊藤塾の渋谷校の最寄り、渋谷駅から、新幹線に乗る品川駅まで、時間にしてたかだか一〇分ちょっと。でも一〇分あれば、けっこうな量が読めてしまいます。ですからそんな短時間でも必ず電車の中で本を読んでいます。

本を持つ習慣がない人は、玄関に本を置いておくといいでしょう。それも一種類だけではなく、その日の気分に合わせて選べるように、何冊か用意しておくといい。実際、本好きな人は、玄関、ベッドサイド、リビングと、読みかけの本をいろいろなところに置いています。

玄関に本を置くかどうかなんて、たいしたことじゃないと思う人もいるでしょう。でも、**見えるところや手に取りやすいところに本を置くことで、「習慣」が変わっていくのです。**心の抵抗をなくすために「小さい工夫」が大切です。

私はたいてい四、五冊を並行して読んでいるので、持って出る本も一冊だけでなく複数になることもしょっちゅうです。一冊の本を読み終わってから次の本に行くのではなく、そのときの気分によって、あっちの本、こっちの本と読みかじりながら読んでいます。

いつでもすぐ本が読めるように、バッグも工夫しています。すぐに本が取り出せるよう、バッグは「外ポケット」がついているものを選びます。外ポケットに本を入れておけば、わざわざバッグの中をあけて本を取り出す手間が省けます。

仕事でこの本を読まなければいけない、というときは別にして、本はなにも一冊を一気に読み上げるもの、と決まっているわけではありません。好きな本を好きなところだけ好きなように読む。そんな気楽な感じでいいのではないでしょうか。

とにかくほんの少しでも時間があればスマホをいじるのではなく、本を読む。そういう習慣をつけるのが大切ではないでしょうか。

いろいろな場所で、本と出会おう

「いつもどこで本を買っていますか？」と聞かれることがあります。

私は、インターネット書店もかなり頻繁に利用しますし、街の大型書店や駅ナカの書店にもよく足を運びます。

何かひとつのことを学びたいときは、まずインターネット書店で検索し、同じテーマのものをまとめて買います。前述したように、二〇〜三〇冊くらい一気に購入することもあります。

さらには外出したとき、たとえば電車の待ち時間や講演のちょっとした空き時間があれば、すぐに書店へ行きます。目当ての本がなくても、ぶらぶらと本屋さんの中を見て歩くのが好きなのです。「最近はどんな本があるのかな」「おもしろい本がないかなあ」といろいろ見ながら、その時間や空間を楽しんでいます。

書店でまず見るのは、ベストセラーやビジネス書のところです。ここをひと通り見たあとは、文庫コーナーや新書コーナーに行きます。とくに新書コーナーは毎月、新しい本がたくさん出ていますから、背表紙を眺めているだけでも楽しくなります。自分の専門分野である法律や憲法のコーナーもざっと見ます。

時間の余裕があるときは、自分とあまり関係がない分野のところを眺めます。法律とは無関係の、たとえば育児・料理などの実用書コーナーや、宇宙・生命科学のコーナーにも行きます。趣味の鉄道関連の本から、さらに、飛行機や船の本を見ます。そして興味や関心をひくものがあったら、その場で衝動買いしています。

移動の途中だと、写真集など大型の本や重い本は荷物になることがあるので、そんなときは本のタイトルをメモして、すぐインターネット書店で注文します。

とにかく、たとえ数分でも、しょっちゅう書店に足を運びます。本に囲まれているのが好きなのです。洋服好きな人が洋服屋に行くように、いつも本がある場所に行っていると、ますます本に興味がわくというサイクルになっていきます。

本の近くに身を置くのは、本好きになる確実な方法です。

本を読む時間をスペシャルに演出する

本を読むときの「姿勢」そのものにもいろいろあります。**本には、きちんと背筋を伸ばして読む本もあるし、寝ころがってだらんとしながら読むものもあります。**その姿勢の違いも、本を読む楽しみ方のひとつです。

著者と一対一の真剣勝負で読む場合は、あえて、正座とまではいきませんが、背筋をピーンと伸ばして読んでみる。その一方で、コーヒーを横に置きながら、ソファーに体をあずけてゆったり読む本があってもいいでしょう。

　本によって、自分のスタイルを変えてみると楽しいのではないでしょうか。たとえば、あえてホテルのラウンジやコーヒーショップで格好つけて読書する、というのもありだと思います。

　土曜日の午前中、ブランチか何かと一緒に、読書の時間を一時間くらいだけでもとってみるのです。最初はコーヒーを一杯頼んで本を一時間くらい読んで、それからブランチをオーダーして読書してと、ちょっと特別な時間にする。豊かな自分を演出してみるのです。

　そして、そうやって本を読んでいる自分に「たいしたもんだな」とちょっと酔ってみるのもいい。邪道といえば邪道ですが、自分が満足するための、幸せになるための読書のひとつのありようだと思います。

　東京では代官山の蔦屋書店などのちょっとスペシャルな場所で、買った本を読むのもいいでしょう。お気に入りの喫茶店でもいいかもしれません。だらんとした格好ではなく、シャキッとよそいきの服で、特別な読書の時間を過ごすのも、幸せな時間です。

読書とは、ピーンとはりつめたものだけではありません。著者との対話で緊張関係を持って読む本もありますが、それだけではない、いろいろな読み方のスタイルがあっていいのです。

本を読む時間を、日常の一部にしてしまうことも大事ですが、何かスペシャルなものとして位置づけて、自分にとって大切な、幸せになる時間のひとつに演出すると、読書が楽しい時間になるでしょう。

自分の中の「スイッチ」を切り替える儀式を持つ

本を読むときの、自分なりの「儀式を持つ」というのもおすすめです。

伊藤塾の塾生は、講義を受ける前に「スマホの電源を切る」のが規則になっていますが、これも自分の中のスイッチを切り替える儀式のひとつです。

ほかには、「勉強する前に顔を洗う」のを儀式にしたり、「机の前にきちんと姿勢正しく座る」のをルールにしている人もいます。

本を読むときも、何か自分なりの儀式を持ったり、ルールを決めておいたりするといいでしょう。

たとえば、通勤や通学のときの行きの電車はスマホでニュースを見たりメールをチェックしたりするとしても、帰りの電車では本を読むと決めておく。寝る前の三〇分は携帯を切って、読書の時間にあてると決める、などです。

私の儀式は、クラシックのBGMをかけることです。バロック音楽の静かな曲をかけると、本を読むスイッチが入ります。何も音がない静かすぎる環境だと、かえって落ちつきません。

知り合いに、「電車の中のほうがよく本が読める」という人がいます。ザーッという街の雑音が、読書を促進してくれるのだそうです。

スイッチは人それぞれなので、自分なりの儀式をぜひ見つけてみてください。

「読書の時間」を生み出すためにやっていること

「読書の時間」は、意識しないと充分にもつことができません。やるべきこと、日々のことで忙殺されがちです。ニュースやSNSを見たり、ゲームをしているだけでもあっという間に時間は過ぎてしまいます。

周囲を見ても、あまりにスマホに時間を取られすぎていると感じます。その時間を勉強にあてたら、いったいどれだけの時間が生まれるかと思ってしまいます。

ひと昔前までは、司法試験に合格するために、「朝一時間、早く起きます」とか、「夜、ふつうより早く帰宅して勉強します」とか、「つきあいの時間を勉強にあてています」という人が多かったのですが、いまは違います。「スマホに使っている時間を勉強時間にあてることで合格しました」という人が増えているのです。

スマホをいじっている細切れの時間をつないでいけば、あっという間に時間がつくれるのです。

厳しいことを言うようですが、本当にやりたいことがあって、夢をかなえたかったら、余分な習慣をどこかで断ち切らなければいけません。

かくいう私もツイッターやフェイスブックが出始めた頃は、スマホを使ってさかんにSNSをしていました。頻繁に発信したり、気になるコメントにはひとつひとつ返信したりしていました。せっかくコメントしてくれたのだから、申し訳ないという気持ちがあったのです。

でも、SNSを始めてから、本を読む時間がどんどんなくなり、仕事が終わってから延々何時間もパソコンに向かう日々が続くようになってしまいました。

SNSをやるより、自分の頭で考えたり、本を読んだりしたほうがいいと思うようになって、いまはもうツイッターもフェイスブックもやっていません。

うまく使いこなせる人ならいいのでしょうが、私のように両立するのが困難という人は、どこかで決断が必要でしょう。

夢をかなえるために、しっかり自分の時間をとって着実に進めていくのか、目先の人間関係や欲望を優先させるのか。それを決めるのは、自分自身です。

いろいろな人の感想にふれる「読書会」を楽しむ

本は、読んだ人によって感じ方が違うのがおもしろい。だから、他の人がどんな受け止め方をしているのか聞いてみるのもおもしろい試みになります。**いまの自分とは違う視点や観点を知ることで、世界の幅が広がって、それが自分の成長にもつながります。**

何をどう感じるかは、その人の経験や価値観、ふだん関心を持っているものによっても違います。その差は「いい」「悪い」ではありませんので、自分の感じ方が人と違っていたとしても、「読み方が浅い」とコンプレックスを感じることはありません。

むしろ、さまざまな感想をぶつけあうことで、お互いが刺激されて、みんなの成長にもなります。そういう意味で「読書会」は、いろいろな人の見方にふれられるのでおすすめです。

塾生や若い人たちにも読書会をすすめたいのですが、わざわざ読書会を開くのが面倒であれば、友だちに自分が読んだ本をすすめてみて、感想を聞くだけでもいいと思います。

ちょっとした注意点は、自分がおもしろかったのに、相手がおもしろくないと言ったとしてもがっかりしないこと。とくに親子や会社の上司と部下など、上下関係があるときに、上の立場の人が下の立場の人に本をすすめて、「この本のおもしろさがわからないのか」「全然理解できてないよね」などと〝上から目線〟で感じ方を押しつけてしまうことがあります。これはいただけません。

そんなことより「へえ、こんなふうに感じるんだ」「自分とはおもしろいと思う観点が違うよね」など、本の受け止め方の違いを楽しみ、お互いをさらに深く理解することが大切です。

また、書評でつっこんだ分析がしてあったとしても、それは本をマニアックに読み込んでいる専門家の読み取り方である場合もあるので、自分と感じ方が違っても当然です。自分と違う感想や意見に対して決してネガティブにはならない。むしろそれが自然だし、ふつうだし、そのほうが楽しいと思いましょう。

そうやっていろいろな受け取り方が楽しめるようになると、人間関係が深まります。読書は人間関係を深める効果的なツールになるのです。

読書によって築かれる人間関係のひとつは、著者と自分との対話です。いわば著者と自分を結ぶ縦の関係を通して、人間への理解が深まるでしょう。

もうひとつの人間関係は、周辺の人たちとの対話です。本の感想を述べあうことで、その人たちとの横のつながりが強まります。「この人はこんな考え方をするんだ」という新しい発見によって、いままで以上にお互いの理解が進みます。

さらには自分自身の内面との対話もあります。本を読んで、感動したり、考えたり、心を動かされることで、「自分はこんなことに感動するんだ」「こんなことに興味があったんだ」と自分自身を知るきっかけにもなります。

このように本を通して縦横無尽の関係が構築できると、より多面的に人間が理解できるようになるので、人間関係が確実に豊かになっていきます。

瞬時に「現実逃避できる本」をいくつか用意しておく

仕事や勉強に関する本は、「考える素材」を探したり、情報を得る目的で選んだりしているので、私にはあまり「読む」というイメージがありません。「読む」というより、使えそうなものを「探す」という感覚のほうが強いのです。

一方、自分の娯楽や楽しみのために読む本もあります。好きな海洋小説や推理小説、歴史小説などは、まさにワクワクしながら「読む」という感じです。とくに私は帆船の時代が好きなので、イギリスの海洋小説などを読むとその世界に浸りきり、夢中で読みふけってしまいます。

こういう趣味の本は、リラックスしたり、頭を空っぽにしたり、現実逃避したいときに最適です。

人は四六時中考えていると、そのことで頭がいっぱいになってしまいます。あまりに考えすぎてしまったあげく、頭がオーバーヒートしてしまって、自分が壊れてしまうことさえあります。自分の頭で考えたくない時期も、人間にはあると思います。

そんなとき現実逃避できる本があれば、まったく別の世界に入り込むことによって、「個」を回復させることができるのではないでしょうか。

私自身は、頭を空っぽにして読むことができるような、大好きな推理小説や海洋小説をよく手に取りました。消耗しきった頭や心をいやしてくれました。

本を読むことは「他人の頭と自分をつなぐ作業」だと書きましたが、ときには他人の頭だけで自分の頭をいっぱいにして、よけいなことを考える余地をなくすことも必要です。

仕事や勉強のために読む本だけでなく、こうした楽しみのための本、自分をいやす本も、夢をかなえるためには必要だと思います。とくに娯楽系の本は「夢に遊べる」という点でも、「本来の夢」を後押ししてくれる手助けになるのではないでしょうか。

それにしても、わずか一〇〇〇円前後の一冊の本でさまざまな経験ができるなんて、こんなにすばらしいことはありません。一〇〇〇円を何に使ったかわからないものにむだづかいしてしまうのか、夢をかなえるための一冊を買うのか。その違いは、けっこう大きいのではないでしょうか。

夢をかなえるために「健康で頑丈な体」をつくっておく

少し余談になるかもしれませんが、かねてからじつは大事だと思っていることを書きます。読書と体力の関係についてです。読書と体力は、無関係に思えるかもしれませんが、持続して読み続けるには、ある程度の体力も必要だと感じています。

一日中、パソコンに向き合うことが多い人の中には、マラソンやスポーツジム通いを日課にしている人が多いと聞きますが、仕事や勉強を続けようと思ったら、フィジカルな体力は欠かせません。頭を働かせたり、心の強さを鍛えたりするには基礎体力が必要だからです。

最新の脳科学によると、頭と心と体の境目は、それほどはっきりしたものではないそうです。強くて健康な肉体があれば、脳も活発に動くし、精神も強く保てるというわけです。

だからこそ、たくさんの本を読んで、情報を吸収しようと思ったら、体力も必要です。

頭を使う仕事をしていると、ついつい体の健康や体力のことは忘れてしまいがちです。私も以前は、恥ずかしながら、「運動は膝を痛める、運動は害だ」くらいに思っていたのですが、最近は運動しないとダメだなと思うようになってきました。

私はふだん、伊藤塾で講義をしています。講演をしたり、弁護士として裁判にも行きます。

どんなに体がきつくても、講義だけは休むことはできません。講義は一コマ三時間。立ちっぱなし、しゃべりっぱなし。若いときは毎日、土日もなく、一日六時間、ときには九時間、立ちっぱなし、しゃべりっぱなし。講義はお腹から声を出すので、究極の腹式呼吸を続けていることになります。終わるとへとへとになります。

こうして、幸運なことに、自分でも知らないうちにフィジカルな体力を鍛

えていたことが、二〇年以上、伊藤塾を続けてこられたことにつながってい
たのかもしれません。

ですから、「夢をかなえたい」「何かをやり遂げたい」と思ったら、体力も
必要です。

逆境や批判にさらされても、負けない強固な意志をつらぬき通すには、意
志を支える健康で頑丈な体がいるのです。夢をかなえるための強い思いや意
志も、頑強な体が元になっているのだと肝に銘じて、基礎体力づくりもおろ
そかにしないよう心に留めておいてほしいと思います。

堂々と自分の好きなように自由に受け止める

本を読んでも、その内容をきちんと読み取れない、理解できない。そんな
悩みをよく相談されます。

これには、前述した「要するに」を考えながら読む方法をおすすめしているのですが、ときとして難解な本だったり、まだ活字に慣れていなかったりすると、「意味が全然わからなかった」「結局、この本は何だったのだろう?」「本質は何だろう」と悩んでしまうことがあります。

また書評などを読んで、自分とは全然とらえ方が違っていたり、「そこまで深く読み取れなかった」と落ち込んだりすることもあります。本を読んでも、ちゃんと理解できているのだろうかと不安になるという声も少なくありません。

そういったことは、まったく気にすることはありません。

結論から言うと、本はすべて自分なりの受け止め方でいいのです。読書に正解はないからです。

小林秀雄がこんなエピソードを紹介しています。あるとき彼の娘さんが、国語の試験問題を持ってきて「何んだかちっともわからない文章だ」と言ったそうです。

たしかに読んでみると、悪文です。**こんなもの、意味がわかりませんと書**

いておけばいい、と小林秀雄は答えたのですが、この問題文は小林秀雄の本からとったもの、つまり彼自身が書いたものだったそうです。

「三十年も文章を書いていると、ずい分いろいろな文章が出来上ってしまうものだと思う。そんないい方がしてみたくなるのも、自分で作る文章ほど、自分の自由にならぬものはないことを、経験が否応なく私に教えたからである」（『読書について』中央公論新社）と彼は書いています。

自分がつくる文章は自分の自由にならない。つまり、読み手の受け取り方によって、まったく違う読み取られ方をすることもあるというわけです。

小説であれ、哲学書であれ、ビジネス書であれ、読書をするという行為は、その作品を読み手が自由に読み取ることにほかなりません。「こう読め」とか「こう感じろ」と著者が強制することはできないし、その方法もありません。

本は書いた瞬間、著者の手を離れて、読み手の自由な意思にまかせられます。ということは、本は書いただけでは完成しない。読み手のもとに届いて、初めて読み手自身によって完成させられるといってもいいでしょう。

作者が送り出した情報を、どのように読者が受け取って、どのような解釈をするのか。読者というものが存在して、初めて読書は完成します。受け止め方は人によって違って当り前だし、どの受け止め方が正しくて、どの受け止め方が間違っている、などという決まりはありません。

読み手は作者が何を伝えたかったのかを自由に想像して、解釈します。本は読者に読まれることを前提にして出版されている。だとすれば、本を手にした人がその人なりに本を完成させればいいのです。

ボールを投げただけでは意味がありません。受け止めてくれる人がいて、初めてキャッチボールは完成します。

読者は、著者の作品の完成と自己実現に協力しているのだといってもいいでしょう。その意識を持って本を読むと、作家と対等の立場で作品に関わるおもしろさが出てきます。「この作品を完成させるのは自分」なのだから、どんな読み方をしてもいいし、好きなように何を感じてもいい。そんなふうに思えれば、本に対するハードルが下がって、もっと自由に本が読めるようになるでしょう。

自分の経験なり、思想なりに合わせた読み取り方でその本を完成させればいいだけなのですから、かりに書評や批評と違った読み方をしていても、まったく気にすることはないのです。

小林秀雄は「文章の魅力を合点するには、だれでも、いわば内部にある或る感覚のごときものに頼るほかはない」(『読書について』)と書いています。あの日本を代表する評論家の小林秀雄が、自分の感覚で自由に読んでいいとお墨付きを与えてくれているのです。

誰が何と言おうと、自分の好きに解釈すればいい。自分の好きに読めばいいということなのです。

第五章

読書で夢をかなえる

「本で助けられた経験」の有無が人生を分ける

人生において、人はしばしば壁につきあたったり、挫折したり、どん底に落ち込んだりします。

そういうとき、根底で自分を支える力になるのは、たとえば広く薄いSNSのつながりではなく、もっと人間の本質に迫るもの、「本」や「深い人間関係」であると、私は思います。

私自身をふり返っても、自分を立ち直らせるのに一番力になったのは、さまざまな本でした。

人生の岐路に立たされ、苦悩していた時期。私が読んでいた本のひとつは、『三国志』（吉川英治／講談社）です。この本を読んでいるときは、別世界に没頭できました。辛いことも忘れられました。人生の壮大なドラマにふれて、自分を客観視することができたのです。

『夜と霧』（ヴィクトール・E・フランクル／みすず書房）や『戦争と平和』（トルストイ／新潮文庫）も、私に大きな力を与えてくれた本です。これらを読み、「こんなちっぽけなことで悩んでいる場合ではない。絶望の淵に臨んでこそ、人間の真価が問われるんだぞ」と自分を鼓舞したものです。

二〇代のときに初めて読み、それからずっと手元に置いている『信念』（ロバート・シュラー／三笠書房）という本。これは、「やればできる」という気持ちを奮い立たせてくれるという意味で、私の〝座右の書〟になっています。

本は人生のさまざまな局面で私を救い、支えてくれました。

「本で助けられた経験」が、あるか、ないか。**人生で辛いことがあったとき、困難を乗り越えられるかどうかは、その有無にかかっているのではないでしょうか。**

人は、経験しないことは理解しづらいものです。本は、経験の助けになります。

本を読んで助けられたとか、幸せだったという経験があれば、より読書するようになり、よいスパイラルが生まれます。いままで本を読んできて、どれだけのメリットを得てきたのかという経験値が、読書習慣の有無に関係するように感じます。

一冊の本が、人生を変えます。

世の中には自殺しようと思っていたのに、一冊の本を読んで思い直したという人もいます。本を読む人にはうつ病が少ないという医学的な根拠もあるそうです。本によって救われたり、自分が変わったりする経験をした人はたくさんいるでしょう。

読書をすることで、自分が変わる幸せな経験をぜひ味わってもらいたいと思います。

本の意味は「そのときの自分」によって変化する

同じ本でも、読む年齢やそのとき抱えている悩み、経験、知識によって、受け取り方が違ってきます。いつ、どんなタイミングでその本を読むのかによって、同じ本が前に読んだのとはまったく違う意味合いを持ってくるのです。

私が初めてプラトンの『ソクラテスの弁明』（岩波文庫）を読んだのは、高校生のときでした。当時の授業で、哲学者を一人とりあげて発表する機会があり、私が選んだのがソクラテスだったのです。

なぜソクラテスを選んだか。そのきっかけは、私が中学二年生のとき、父の赴任先であるドイツから、一人で日本に帰国したことにさかのぼります。

帰国する途中、アテネに寄って、オリンピアの古代遺跡を観光しようと思ったのですが、間違えて行き先の違うバスに乗ってしまいました。それで偶然着いたのが、デルフォイの遺跡だったのです。ここは、ソクラテスの「デルフォイの神託」で有名な場所です。

こうしてソクラテスという偉大な哲学者のゆかりの地を意図せず訪れた縁もあって、倫理・社会の授業では、自然とソクラテスを選んだわけです。

とはいうものの、まだ高校生だった私には、『ソクラテスの弁明』はそれほど感動的な本ではありませんでした。

ソクラテスは、罪をなすりつけられて、牢獄にいれられるのですが、「悪法もまた法なり」と裁判に従い、最後は毒を飲んで死んでしまいます。その生き方に、当時の私は納得ができませんでした。「アテネ市民は、こんな偉大な哲学者に死刑の判決を出すなんて、ばかだなあ」などとも思っていました。

その後、司法試験を目指し、勉強をしていく中で、ソクラテスの、知らないことを知っていると思い込んでいる人間より、知らないことを知らないと自覚している人間のほうが賢いという言葉がスッと心の中に入ってきました。

そして、一回目の試験に落ちて落胆していたとき、たまたまソクラテスが死後の世界について思っているところを読んで、突然ひらめいたのです。「試験には自分が知っている問題と、知らない問題の二種類しか出ないのだ」と気づいたのです。私にとっては大発見でした。

「知らない問題」の対処の仕方さえ身につけておけば、確実に合格できるのだというシンプルな原理を発見したおかげで、私は無事、司法試験に合格することができました。その後の受験指導の核心部分の考え方を得ることができました。

成功も不成功も、結局どちらも幸せである

その後も、折りにふれて『ソクラテスの弁明』を手にしました。くり返し、くり返し、読みました。

年を重ね、働き盛りの年齢になってからは、ソクラテスの「死は一種の幸福である」という言葉が、心に刺さるようになりました。

ソクラテスによれば、もし死んで自分が何もかもなくなってしまうのなら、悩んだり、考えたりすることから解放されるのだから、こんなに幸せなことはない。反対にもし死後の世界があるなら、そこで先に死んだヘシオドスやホメロスなどと自由に議論できるので、これも幸せである。

つまり、**死ぬのは何ら不幸なことではない。「生も死も等価値である」という真理を述べていたのです。**

これに気がついたとき、たとえ合格しても不合格であっても、成功しても不成功だとしても、結局どちらも幸せであって、等価値であると理解できるようになります。

たとえ司法試験に合格したからといって、必ずしも幸せになるわけではないし、不合格になったからといって不幸せになるわけでもない。合格しても不合格になっても、どちらになっても心配いらない。なぜなら、未来を決めるのは自分なのだから。

塾生を指導するようになり、実感をもって「合格も不合格も等価値である」と自信を持って伝えられるようになったのです。

『ソクラテスの弁明』が教えてくれた死生観

私は今年で、五九歳になります。

この年になり、身近な人が亡くなったりして、死を意識するようになると、ソクラテスの最期の言葉にしみじみ共感できるようになりました。

ソクラテスは、死刑を宣告された裁判の最後にこう言い残します。

「しかしもう去るべき時が来た――私は死ぬために、諸君は生きながらえるために。もっとも我ら両者のうちのいずれがいっそう良き運命に出逢うか、それは神より外に誰も知る者がない」

要するに、生も死も等価値だから、死をこわがる必要はない、とソクラテスは言っています。もうすぐ死ぬかもしれないとか、あと少しは生きられそうだとか、そんなことに一喜一憂しても意味はないのです。

いまを一生懸命生きられれば、生きることも死ぬことも同じように幸福に思えるのだ、という真理が、この年になって『ソクラテスの弁明』から読み取れるのです。

このように、**一冊の本を人生の中で何度も読むことによって、そのときそのときで感じることが変わっていきます。**

同じ本であっても、受け止める側の成長の度合いやそのときの問題意識、抱える課題によって、読み取る内容がまったく違います。

本はまさに自分の「鏡」です。「鏡」に映った自分を見る、すなわち本から何を感じ、何を読み取っているのかによって、いまの自分の状態を知ることができます。

本には、年齢や成長に合わせた読み方があります。

ということは、本を読んで何を理解するか、そのタイミングも人それぞれです。仮にいま、本を読んでいないとしても、あわてる必要はありません。まだ読書のタイミングがきていないだけなのかもしれません。

自分の中の内面がつくられ、考え方や価値観や自分なりのものさしができるにしたがって、本の意味や発見することも違ってきます。

『ソクラテスの弁明』が私に教えてくれたことは、初めて読んだ高校生のときから今日までに、その意味を変えていきました。

自分の成長にあわせて、本の意味も変化していくのです。

涙をこらえることができなかった、一冊の歌集のこと

いま、私の手元に、ある歌集があります。かつて学徒兵だった、渡部良三さんという方が書いた『歌集　小さな抵抗』（岩波現代文庫）という一冊で

す。

ここで紹介する内容は、あまりに強烈なので、読むのが辛い人は項目を飛ばしてくださってもかまいません。それほどまでに心を揺さぶられる内容だったのです。

この歌集の存在を知ったのは、雑誌『世界』(岩波書店)に掲載された、ある記事です。日本大学大学院の蟻川恒正先生の『「個人の尊厳」と九条』という論文がきっかけでした。

この論文を読んで、私は涙をおさえることができませんでした。

どんなことが書かれていたのか、かいつまんで紹介しましょう。

この歌集の著者である渡部さんは戦後、国家公務員になり、退職したあと古希を過ぎてから、この歌集の刊行に踏み切りました。

歌集には、渡部さんが新兵だったとき、軍隊の訓練で実際に遭遇した、ある凄惨な経験が記されています。その経験とは、捕虜を虐殺する訓練でした。

演習に殺人あるとは知らざりき

聞きし噂はまことなるらし

一九四四年の春のある日、渡部さんが配属された部隊で、その訓練は実施されました。新兵たちが順番に銃剣の先で捕虜を突いて刺し殺す訓練が行われたのです。

離れたところから銃で人を撃ち殺すのではありません。自分の手で、生身の人間の体に銃剣を突き刺して、人を殺すのです。

じつは渡部さんは、敬虔《けいけん》なクリスチャンでした。戦友たちが誰ひとり上官の命令にそむくことなく、次々と縄で縛られた捕虜を突き刺していきます。

ついに渡部さんに順番が回ってきました。

躊躇する渡部さんに、天からの声が届きます。

鳴りとよむ大いなる者の声きこゆ
「虐殺こばめ生命を賭けよ」

渡部さんは、虐殺を拒みました。

ここからどうなったかは、容易に想像がつくでしょう。上官の命令にそむいた渡部さんには壮絶な制裁が加えられます。しかし渡部さんの苦しみは、そんな肉体の痛みではありませんでした。

「なぜ自分は、あのとき、自らが命令を拒否するだけでなく、木にくくりつけられた捕虜の前に進み出て、殺してはならぬ、と教官や僚友に説くことができなかったのか」

渡部さんは、そのことを生涯、悔い続けるのです。

当時の状況下では、そんなことは不可能だったに違いありません。新兵が上官の命令を拒んだだけでも奇跡的な行為です。その上、捕虜の前に立ちはだかって、「殺してはいけない」と説くことなど、できるはずはありません。それでも渡部さんは「なぜ自分は止められなかったのか」と苦しみ続けるのです。

戦争とは、人が殺される現場です。そこでは殺されるより殺すという命題が支配しています。だから、人はためらいなく殺さなければなりません。身体も心も残酷に壊されます。それが戦場です。

その現場の想像を絶する壮絶さと、そのときの後悔をずっと引きずって、戦後も生き続けた人がいるという良心に、胸をうたれました。

渡部さんの歌集のひとつひとつの歌を読むたびに、「どんな思いでこの歌を書かれたのだろう」とその苦しみを想像すると、言葉がありません。そして、戦争が終わってもなお、生涯にわたってずっと、こんな苦しみを与える戦争は絶対してはいけないと確信します。

私はこの論文を、蟻川先生と出版社の承諾を得て、塾生にコピーして配りました。

塾生たちは、ちょうど徴兵されたときの渡部さんと同じくらいの年齢です。著者の思いを受け止めて、平和について思いを寄せてくれる人が増えてくれたらと願いました。

本には、人の魂を揺さぶる力があります。思いを、人に伝播させる力もあります。たった一冊の本、たったひとつの文章が、よい未来をつくっていくことができると私は信じています。

自分の中の何かが変わることが「成長」である

人は他人を通してしか、自分を知ることができません。他人は自分の鏡です。人は鏡がなければ、自分という存在を知りようがないのです。

本を読むということは、著者という他人、つまり鏡を通して自分を知ることにほかなりません。

著者の生きざまや価値観、思いと出会うことによって、何かを感じたり、考えたりする。「自分はこんなふうに読み取ったんだ」とか「こんなことを感じたんだ」と知ることによって、自分という人間を認識できるのです。

その「自分」は本を読む前、つまり著者という他人と出会う前の「自分」とまったく同じではありません。本を読む前より、ほんの少しだけ優しくなったり、ちょっとだけ深く考えられるようになっていたり、あるいは物事をより辛く感じるようになっているでしょう。

本を読むことで、著者と出会い、自分の中の何かが変わっていく。それを「成長」といってもいいと私は思います。

成長とは、理性や知性や感情がより豊かになっていくことです。

本を読んで何かを感じることは、理性や知性や感情を、本を読む前よりほんの少しだけ、でも確実に豊かにしてくれます。たとえそれが、辛さや悲しさであっても、あるいは「本を読んでますますわからなくなっちゃった」という不可解さであっても、自分の中で何かを感じる、あるいは変化するということ、それ自体が成長なのです。

人生においては、喜怒哀楽の振幅をなるべく小さくして、何も感じなくするほうが楽なことがあります。でもそれは「成長」ではなく、たんにごまかしがうまくなったにすぎないと私は思います。

本当の成長とは、たとえ前より深く悲しみや辛さを感じるようになったとしても、それを乗りこえていく力を身につけることです。

本を読んで、昨日より今日、ちょっと変わったな、というところがあれば、それは立派な成長です。その積み重ねによって、困難がふりかかっても乗りこえられる自分に育っていくのです。
そうやって自分の成長を助けてくれる本が「夢をかなえる本」であると私は思います。

物質は有限だが、魂は無限である

長田弘さんという詩人がいます。彼の詩集『世界は一冊の本』（みすず書房）の中には、こんなフレーズがあります。

人間は、一つの死体をかついでいる
小さな魂にすぎない

（「友人の死」より）

私はこの詩を読んで、心が震えました。

「私」という人間の体は、魂がなくなれば、ひとつの死体にすぎません。「私」が私である意味は、その「死体」に魂が宿っているからです。「私」を私たらしめているのは、魂である。だからこそ、私は魂を磨き続けなければならない。魂こそが、私の本質だと思ったのです。

この本を読んで、いろいろなことを考えました。

肉体は有限ですが、魂は無限です。肉体を鍛えようとしても、肉体は物質ですから限界があります。どんなに筋肉むきむきな体にしたくても、無限に鍛えることはできません。

物質的なものは有限で、終わりがあります。しかし、魂は無限です。

人間の思いや精神は時代を超え、空間を超えて、どこにでも飛んでいき、広がることができます。たとえ自分が死んだあとでも、自分の思いは子どもや子孫や後世の人々に伝えることができるでしょう。

魂は無限であるがゆえに、どこまでも成長させていくことができる。いかにそれを鍛えて成長させていけるのか、それが、肉体が滅びて〝死体〟になってしまうまでの間の重要な課題だと思います。

本を読むことは、魂を鍛えることにつながります。なぜなら、「魂を磨く」とは、「自分との対話」「人との対話」を深めることだからです。

本を通して、人は自分の内面と向き合い、著者と対話して、自分を成長させていくのです。

私自身に関していえば、私の心を育ててくれたもののひとつに本があったことはたしかです。私は本を読んでものを考えたり、成長したりすることができたと思うからです。

読書とは、人間しかできない「次元を変換する作業」

人間は、視覚や聴覚から入った情報をもとに、自分の頭の中で想像力を働かせて、一定の世界を創り出せる唯一の動物です。外から入った情報を頭の中で変換し、考える作業を知的な営みといい、人間が人間たるゆえんはこの知的な営みができることだと思います。

　自分の頭で考えたり、変換したりする作業量が大きいのが「文字」でしょう。映像や絵、音のように直接イメージとして入ってくるものと違って、いったん頭の中で文字という記号を読み上げて、意味に変換する作業が必要です。

　それはとてつもなく、高度で知的な作業です。

　しかも、本の情報は、文字を頭から順番に読んで理解していきますから、一列に並んだものを順番に追っていくことになります。つまりはリニア（直線）の二次元の情報です。それを頭の中で立体的な三次元のイメージに変換したり、時間、空間を飛んで四次元の世界に変えたりしていくのは、人間にしかできません。

　逆にいえば、そこで頭が鍛えられるということです。本をたくさん読んでいる人は、頭や内面を成長させる機会がそれだけ多いといえるでしょう。

　私自身に関していうと、映像や音で得るより、本で得たインパクトのほうが大きいように感じています。

たとえば映像の情報だと、一部分を切り取ったものしか見ることができません。広大な砂漠の光景が映し出されていたとしても、それはカメラの画面に入ったほんの一部にすぎません。

でも文字で書いてあるものは、自分の想像次第でいくらでもイメージを広げることができます。色、形、大きさ、時間……何を想像しても自由です。それこそ無限大にイマジネーションが広がるではありませんか。

最近流行っているユーチューブなどのビデオ映像も私自身活用しますし、否定はしませんが、一列に並んだ記号にすぎない文字を意味に変換するという、一番大変かつ刺激的な工程は省略されています。つまり頭や心に対する負荷が違うのです。

その分、楽ですが、刺激に欠けます。刺激がないところに感動も知的な好奇心も生まれません。やはり本から得た文字情報で、立体的な世界を構築していく喜びに変わるものはないのではないでしょうか。

人間はあらゆるところでインプットした情報を自分の頭の中で考え、組み立て直し、場合によってはそれをアウトプットして生きている生き物です。その知的な営みを支えるのにもっとも適した手段が、本です。本によって頭も心も鍛えられるのです。

「心の強さ」を鍛えて、あなたの「金脈」を掘り起こそう

本によって得られるのは、最終的には「心の強さ」ではないでしょうか。

人間は、自分のことがわかっているようで、まったくわかっていません。自分が何に向いているのか、自分の適性や才能もよくわかりません。

村上春樹さんは、人の才能は油田や金鉱と同じで、どれほど豊かな才能であっても、掘り起こさなければ、いつまでも地中深く眠りっぱなしだと書いています。

埋もれた金脈、つまり「夢」を見つけるには、「ここを掘ろう」と思い立

ち、実際にシャベルを持って掘る人がいなければなりません。そしてどんなに堅い岩盤につきあたろうとも、途中で投げ出さない強い心が必要なのです。

伊藤塾には、将来法律家や公務員になることを目指す受験生たちが集まってきます。でも、自分が法律家に向いているかどうか、最初からわかっている人はあまりいません。それでもとにかく手をつけて、自分の中を掘り下げていき、「こんなものがあった」と見つけていく作業をしないと、自分の進むべき道はわからないことが多いのです。

当然、途中で迷いや挫折が訪れます。「ここには何もないかもしれない」「自分が進むべき道はここではないのではないか」と思うこともあります。それでも、自分を信じて、強い心で掘り進んでいった人だけが、金鉱にたどりつけるのです。

心が折れそうになったとき、自分を励ましたり、ヒントを与えてくれたりするのが、本ではないでしょうか。そのときどきの悩みや苦しみに応じて、さまざまな本を読むことで、困難が乗りこえられるのです。

本当に本には助けられました。私自身、もともとネガティブ思考の人間でしたから、それをポジティブ思考に変えて、折れそうになる心を支えるにはある種の訓練が必要でした。努めてたくさんの本を読み、「考える素材」を吸収して、心を鍛え続けた。この訓練を通して、自分自身をつくりあげていったように思います。

最初から、自分の役目がわかっている人はいません。さまざまな経験をして、自分のやるべきことが見えていきます。金鉱を掘る手前で心が折れてしまうこともしばしばあるでしょう。

夢が大きければ大きいほど、よけいに最初から敬遠して、自分には向かないと、シャベルを持つ前に撤退してしまう人も少なくないでしょう。

そうならないように、最初の導入や掘り下げるきっかけをつくるのが私の任務だと思っています。

本とは「考えるための素材」である

本を読む目的は何でしょうか。娯楽や気分転換のために本を読む人もいるでしょう。知識や情報を得るために読む人もいると思います。私にとって本を読む一番の目的は何かといったら、これまでもくり返し述べてきたように、それは「考えを深めるため」です。

もちろん娯楽や気分転換で読むこともありますし、知識や情報を得るためにも本を読みます。でも、**私の一番の目的は「もっと考えたいから」です。そのために知識や情報が必要だと思っているので、あくまで主体は「考える」というところにあります。**

考えるためには、その前提として、ある程度の知識が必要です。だから、本を読むのです。知識を得るのが第一目的ではなく、考える素材の前提となる知識を集めるために読んでいるわけです。

というのも、私にとって得た知識をそのまま吐き出す機会はあまりないし、そのことに意味も感じないからです。たとえば雑学のような知識をいっぱい仕入れて、それをそのまま披露して盛り上がるような機会はほとんどありません。

また、憲法などの法律に関する知識でも、本に書いてあることならば、わざわざ私が説明しなくても、その本を読めばすむだろうと思ってしまうのです。私がやることは、本に書いてあることをそのまま吐き出して伝えるのではなく、書いてあったことをもとに私が考えて付加したり、モディファイしたりしてアウトプットすることです。

ですから、本は私にとってつねに「考える素材」なのです。

読まなければならない教科書や参考書でも、気軽に手に取った自己啓発書でも、娯楽で読む小説も、「ここはどうおもしろかったのか」「ここはどういうことなんだ？」と自分が考える素材として読みます。

著者の別の作品を読んで、「この人はどんな考えを持っているんだろう」

と考えたり、同じ時代の別の作家の本を読んで、「同時代に生きていても、こっちの人はどういうものの見方をしているんだろう」と興味を持ったりすることもあります。

そうやってひとつの作品でも、作品の中身、作者本人、その時代背景などいろいろなものに興味関心を持って考えていくと、立体的に、深く物事が考えられるようになります。

本を通して、複合的な視点が持てるようになります。いろいろな本を読んで、いろいろな立場の人の考え方や感覚にふれると、自分の考えを多面的に深められるのです。

人生は「有効な無駄」で成り立っている

本は「考えるための素材」なので、「アウトプット」を意識しながら読みますが、必ずしもアウトプットできないこともあります。アウトプットできないからといって、何か考えられなかったからといって、その読書が無駄になったのでしょうか。けっしてそんなことはありません。

本を読んで自分が何か考えたり、「いいな」「すごいな」「大変だな」「かわいそうだな」などと感じたり、ましてや涙を流すことがあれば、その涙の意味を自分で言葉や文字にできなくても、涙を流したというだけで立派に著者と対話したことになります。

たとえ、「ああ、よかった」と思ったそのことを、アウトプットできなかったとしても、それと本を読んで自分が変わったことは別の問題です。

司法試験でもそうで、法律のことがよくわかっている人が合格答案を書けるのかと言われると、それとこれとは別です。難しい哲学書を書いている人しか人生を考えていないのかと言われると、そんなことはありません。みんなそれぞれに人生を深く考え、哲学をしている。それだけで、尊いことです。

さらに言うと、読んだことをアウトプットできないまま、そのうち忘れてしまっても、それでいいとさえ、私は思っています。読書はけっして勉強だけが目的ではないのですから、読んだ内容をちゃんと覚えておく、あるいは忘れまいと思う必要はありません。

必要なことは、自然にその人の血となり、肉となっているはずです。読んだ内容は忘れてしまっても、読んで得たものは形を変えて、自分の中に残り、自分自身をつくり上げているのです。

肉を食べたから、肉がそのまま体に残るわけではありません。食べた肉は分解されてなくなってしまいますが、分解された肉がアミノ酸になり栄養になり、自分のどこかで役に立っているわけです。

肉を食べたことを忘れてしまっても、自分が食べた肉の栄養で自分はできあがっているのですから、肉を食べた意味はちゃんとあるのです。

役に立たない読書はありません。そのときは具体的に役に立たないものであっても、未来のどこかでひょっこり顔を出して、自分の人生に意味を持つことがあるかもしれません。

世の中には、一見無駄に思えることでも、実は役に立っていることがたくさんあります。人生は「有効な無駄」で成り立っているのです。

読んですぐ忘れてしまったような本でも、それを読んだ経験は必ず形を変えて自分の中に蓄積し、どこかで自分の人生に意味を持つことになるでしょう。読書に無駄はないのです。

人生は、生き続ける過程そのものに価値があります。「死」という結果に向かう過程、そのプロセスの中でいかに自分が成長できるのか、いかに幸福感を持てるのか、その総量が人生の幸せなのだと思います。

読んだ結果をどこかで有効に使うことも大切ですが、アウトプットの結果だけでなく、読むという行為と過程そのものにじつはとても大きな価値があるのです。そう考えられるようになれば、本を読むのがもっと楽しくなるでしょう。

本を読んだことによって、人は必ず何かが変わるのです。

おわりに

私が講演会で話をするとき、最後に紹介することがある一冊の本がありま す。それは、『地球／母なる星　宇宙飛行士が見た地球の荘厳と宇宙の神秘』（ケヴィン・W・ケリー／小学館）という写真集です。

宇宙から見た地球の写真の数々が、圧倒的な美しさで目の前に現れます。心が震えるほどの壮大な光景です。

今から四五年ほど前、初めて飛行機に乗ってドイツに行ったときに、窓から下を見て驚いたことがありました。窓から見えたヨーロッパが私の想像していたものとは違っていたのです。飛行機の窓から下を見ても、国境線が見えないのです。

当時、中学生だった私はびっくりしました。もちろん海には線など引いてありませんし、陸地も森や畑が続いているだけで、国境線は見えません。そして、何よりも国ごとに色分けがなされていないのです。

小学校のときに、社会科の授業で、白地図を色鉛筆で塗り分けたことがあります。地図帳や地球儀に載っている国も、すべて色分けされていました。ところが、実際に見えるヨーロッパの姿は違っていました。「ああそうか、国境は人間が作ったものなんだ」。これは新鮮な驚きでした。

考えてみれば、どこの国の国境線も変化しています。国や民族、宗教など本当に関係ない。結局は一人ひとり、その人しだいだということを、子どもながら肌で感じました。そして、国境なんてあまり意味がないなと思いました。

そう、国は、すでにそこにある変わらぬ存在ではなく、そこで生活している人間の意思と行動によって人為的に作り上げたものだったのです。だからこそ、国境や民族を巡ってひどいことも起こるけれども、それを修復するのも人間の力です。

国境に壁を作ったり、特定の国の人々の入国を拒否したりするのも人間ですが、「多様性」を尊重し、迫害やテロ、戦争から逃れてきた人々を歓迎するのも人間です。

『ヴェニスに死す』などの作品を残した、ドイツのノーベル文学賞受賞作家であるトーマス・マンは、「教養とは、人間は戦争してはいけないと信じること。自国のことのみを考えるのではなく、他国のことも深く理解すること」と言っていると聞きました。これは日本の憲法にも通じる考え方です。

この写真集をパラパラとめくるうち、ふと線が引かれた箇所に目がとまりました。「私たちは一つの世界なのだ」という、ある宇宙飛行士が語った言葉です。何年か前の自分が、そこに深く心を動かされたのだという痕跡でした。そして、それからも数え切れないほどこのページは開かれ、また新しく私の感情を揺さぶります。私は今日もマーカーを引きます。

国境線などない、ひとつのまばゆい地球。この写真集を見ていると、何度でもいろいろなことを感じるのです。


本書を最後までお読みくださり、ありがとうございました。

読者のみなさんの心に、もしこの本の一フレーズからでも何かが響いたなら、著者としてとても幸せに思います。

著者

[著者プロフィール]
伊藤　真（いとう　まこと）

1958年、東京都生まれ。伊藤塾塾長。81年、東京大学在学中に司法試験合格。その後、受験指導を始めたところ、たちまち人気講師となり、95年、「伊藤真の司法試験塾（現、伊藤塾）」を開設する。「伊藤メソッド」と呼ばれる革新的な勉強法を導入し、司法試験短期合格者の輩出数全国トップクラスの実績を不動のものとする。「合格後を考える」という独自の指導理念が評判を呼び、「カリスマ塾長」としてその名を知られている。「一人一票実現国民会議」の発起人となったり、「安保法制違憲訴訟の会」を立ち上げたりし、弁護士としても奮闘中。著書に『夢をかなえる勉強法』『夢をかなえる時間術』『一点集中力』『記憶する技術』『考える訓練』（サンマーク出版）、『伊藤真試験対策講座（全15巻）』（弘文堂）、『中高生のための憲法教室』（岩波書店）、『憲法の力』（集英社）、『続ける力』（幻冬舎）など多数。

夢をかなえる読書術

2017年４月15日　初版印刷
2017年４月25日　初版発行

著　　者　伊藤　真
発 行 人　植木宣隆
発 行 所　株式会社サンマーク出版
〒169-0075
東京都新宿区高田馬場2-16-11
電話　03-5272-3166（代表）
印刷・製本　株式会社暁印刷

ISBN978-4-7631-3573-5 C0030

定価はカバー、帯に表示してあります。
落丁、乱丁本はお取り替えいたします。
ホームページ　http://www.sunmark.co.jp